나는 세포마켓에서 답을 찾았다

나는 세포마켓에서 답을 찾았다

윤여진 · 박기완 지음

미래의 창

인생에 답을 찾지 못했을 때, 스마트폰 하나로 시작한 '여우마켓'

2018년 봄, 출산 후 산후우울증을 겪으며 암울한 생각에 절망하고 있었다. 육아는 예상보다 훨씬 힘들었고 출산 전의 삶을 되찾지 못할지도 모른다는 생각에 두려웠다. 아들은 유난히 잠을 자지 않는 아이였다. 아이를 재우기 위해 2시간 넘게 짐볼(스트레칭 및 요가 용도로 주로 사용하는 큰 공)을 타다 지쳐 아이의 우는 소리를 무기력하게 듣기만 했던 적도 있었다. 밤새 서너 번 이상 깨어 우는 아이와 함께 밤을 지새우다 보니 낮 동안 잠시 학교에 가도 공부가 되지 않았다. 머리는 멍했고 몸이 피곤했으며 마음은 우울했다. 육아로 인해 외출이 쉽지 않은 내게 시간과 장소에 구애받지 않고 스마트폰 하나만 있으면 할 수 있는 인터넷 서핑이 유일한 탈출구였지만 크게 위안이 되지는 못했다.

그런데 주변에 엄마가 된 친구들이 없어 육아에 관해 물어볼 곳이 없던 내게 인스타그램은 그야말로 신세계였다. 한 번도 본 적이 없는 사람들이었지만 나와 비슷한 육아 고민을 하고 비슷한 제품에 관심 있어 하는 엄마들의 이야기는 그 어떤 것보다 큰 위로가 되었다. 그렇게 인스타그램을 찾다 보니 자연스럽게 인스타그램에서 '마켓'을 하는 엄마들에게 육아용품을 구매하게 되었다. 얼핏 보기에는 장사를 한 번도 해본 적 없는 나도 마켓을 "할 수 있지 않을까"라는 생각이 문득 들었다. 더구나 10년간 공부해온 마케팅의 최전선에 있다는 점도 장기적으로 도움이 될 것 같았다. 초기 투자금도 필요 없으니 어차피 밑져야 본전이라는 남편의 응원에 바로 사업자 등록을 했다. 그것이 '여우마켓'의 시작이었다.

나의 이름(여진)과 아이의 이름(윤우)을 한 글자씩 따서 이름 지은 '여.우.마켓'은 사무실도 직원도 값비싼 장비도 없이 개인 일상을 기록하던 인스타그램 계정에서 시작했다. 처음에는 "사진을 올리고, 제품을 설명하고, 판매하면 되겠지"라고 막연하게 생각만 했을 뿐 정확히 무엇을 어떻게 해야 하는지 잘 몰랐다. 인기가 많은 마켓이나 인스타그램을 기반으로 성공한 브랜드들을 기웃거리며 어깨너머로 배워 나갔다. 여우마켓의 주요 타깃층인 (영유아기 아이들을 둔) 엄마들이 관심을 가질만한 제품을 발견하면 회사에 무작정 메일을 쓰기도 하고(하루에 수십 통씩 메일을 쓸 때도 있었다) 예상치 못한 장애물을 만나 관두고 싶은 순간들도 있었다. 그렇게 1년을 버텼다.

'여우마켓'은 초기 투자금 없이 첫해 연 매출 1억 5천만 원을 기록했고 2019년 하반기 누적 매출 3억 원을 넘었다. 수백억씩 버는 유명 인플루언서들에 비하면 미미하지만 공부와 육아를 병행하면서 내가 원하는 방식으로 조금씩 성장하고 있다. 사무실도 직원도 값비싼 장비도 없다. 상품 선정, 콘텐츠 제작, 마케팅 및 홍보, 고객 관리를 전부 담당하고 있는 나와 판매하는 제품의 실사용자이자 '여우마켓'의 얼굴인 두 돌 아들, 그리고 스마트폰 한 대로 운영하고 있다.

사실 인스타그램 마켓인 세포마켓은 새로운 현상이 아니다. 1980년대 '쥬단학 아줌마(한국화장품에서 나온 쥬단학 화장품을 방문 판매하던 분들을 일컫는 말)'를 기억하는 사람들이 있을 것이다. tvN드라마 〈응답하라 1988〉에도 등장했던 쥬단학 아줌마는 그 시대의 세포마켓이었다. 그들은 트렌드의 최전선에서 최신 유행하는 화장품뿐만 아니라 동네 아줌마들이 필요로 하는 정보와 적절한 가십, 그리고 소소한 물건들을 조달해주는 역할을 했다. 동네 아줌마들과 함께 모여 정보를 공유하고 수다를 떨면서 형성된 신뢰감은 판매로 이어졌다. 진정성 있는 소통과 신뢰, 그리고 연대 의식이 그들의 판매 비결이었다. 이러한 판매 방식은 현시대의 세포마켓과 맞닿아 있다.

소비자들은 시대를 막론하고 믿을 수 있는 판매자에게 좋은 제품을 적정한 가격에 구매하기를 원한다. 정보통신기술의 발달로 소비문화가 고도화되면서 예전과 달리 제품의 종류는 많아지고 관련 정보도 쉽게 얻을 수 있지만, 오히려 검증되지 않은 판매자들이 증가했고 소비자들이 그 많은 제품을 알아볼 시간은 감소했다. 소비자에게 의지하고 신뢰할만한 판매자가 더욱 절실해진 것이다. 이것이 수많은 제품 중 고객의 니즈에 부합하는 제품을 찾아내 본인의 얼굴을 내걸고 직접 써본 후기를 전달함으로써 제품을 보증해주는 21세기형 쥬단학 아줌마인 세포마켓이 등장한 이유다.

하지만 급속한 성장 속도를 보임에도 불구하고 여전히 많은 사람들이 세포마켓 파워에 의구심을 갖는다. 최근 불거진 인플루언서나 인스타그램 세포마켓 관련 이슈들 때문에 세포마켓이 금방 사라질 유행이라고 치부하는 사람들도 있다. 하지만 지난 1년간 세포마켓의 운영자이자 고객으로 활동하면서 나는 이 시장에 대한 확신이 생겼다. 여우마켓을 시작한 2018년에 비해 2019년에 개인 계정으로 인스타그램을 이용하던 사용자들이 상품을 판매하기 시작한 경우가 많아졌고 '공구(공동구매)' 제품을 제안해주는 업체들도 증가했다. 누구나 판매자가 되어 고객들의 니즈를 반영한 제품을 판매할 수 있고 누구보다 빠르게 트렌디한 제품을 구매할 수도 있다. 이를 대체할만한 다른 시장이 나타나지 않는 한, 판매자와 소비자 모두에게 유용한 세포마켓의 성장 가능성은 무궁무진해 보인다.

여우마켓은 인스타그램을 기반으로 한 세포마켓이지만 오프라인 모임도 종종 갖는다. 모임에 나온 엄마들은 대부분 경력단절 경험과 불안감이라는 공통점을 가지고 있어 서로에게 쉽게 공감하고 위로가 된다. 한번은 세포마켓을 시작하고 싶은데 막막하다는 이야기가 나왔다. 사실 인스타그램 메시지로 이런 문의를 하는 엄마들이 종종 있다. 그럴 때마다 그들이 세포마켓을 시작할 수 있게 도움될만한 실질적인 팁들을 공유해주고 거래처를 소개시켜주기도 했다. 그러다 보니 세포마켓과 관련해서 강의를 한번 해달라는 요청도 들어온다. 그래서 세포마켓을 운영하며 배운 것을 더 많은 사람들과 함께 공유할 수 있는 방법이 없을까 고민하게 되었고 마침 출판사와 인연이 닿아 책으로 출간하게 되었다.

금세 실패할지도 모를, 혹은 잠깐 하는 부업쯤으로 생각했던 '여우마켓'이 어느덧 삶의 큰 부분을 차지하게 되었다. 여우마켓을 통해 산후우울증을 극복했고 본업(공부)과 육아를 잘 병행하고 있다. 무엇이든 할 수 있다는 자신감이 생겼을 뿐만 아니라 돈도 번다. 임신, 출산 그리고 육아를 겪으며 늘 '완벽한 엄마'의 기준에 못 미친다는 실패의 감정을 거듭하던 나에게 여우마켓은 긍정적인 자극이 되었다. 나는 이 작은 성공과 성취의 경험이 나에게 주는 힘을 믿는다. 그리고 이 힘이 육아에, 취업난에, 청년실업에 빠져 절망하는 많은 사람들에게 성공의 씨앗이 되어 줄 것이라고 확신한다. 어차피 밑져야 본전이다. 1년 후 완전히 달라진 본인의 삶에 감탄하게 될지도 모른다. 지금, 자신 있게 시작해보자.

차례

CHAPTER 2

인스타그램 어디까지 아시나요?

CHAPTER 3

나도 이제 어엿한 사업자

CHAPTER 4

세포마켓 키우기

CHAPTER 1

누구나
돈 벌 수 있는 시대

소비자가 곧 판매자

"여러분, 부~자되세요."

하얀 눈 속, 빨간 스웨터를 입은 배우 김정은이 두 손으로 큰 원을 그리며 비씨카드 광고에서 했던 말이다. IMF 외환위기 이후 재도약을 꿈꾸던 정부는 위축된 경기를 부양하고자 신용카드 사용을 장려했다. 커지는 카드 시장을 선점하기 위해 많은 신용카드 회사들이 마케팅에 열을 올렸고 비씨카드의 '부자되세요' 광고도 이때 만들어졌다. 반응은 엄청났다. 사람들 사이에서 '부자되세요'가 하나의 인사말이 되었고, '부자되기' 열풍이 불어 프랜차이즈 창업, 주식 재테크, 부동산 투자 등 부자되는 방법들이 끊임없이 거론되었다. 새로운 방법이 떠오를 때마다 언론 매체에서는 노력만 하면 '누구나' 부자가 될 수 있다고 떠들었다. 그 결과는 어땠을까? 문 여는 자영업자들만큼 문 닫는 자영업자들이 줄을 이었고, 주식에 투자한 개미투자자들의 피해 사례가 넘쳐났으며 집값은 천정부지로 올라 내 집 마련의 꿈조차 실현하기 힘든 현실이 되어버렸다. 20년이 지난 지금도 기억에 남아 있는 이 광고 카피처럼 우리는 정말 부자가 될 수 있었던 걸까?

새로운 시장의 등장, 세포마켓

정보통신기술의 발달로 4차 산업혁명 시대가 도래하면서 인공지능, 자동화 등 산업은 이전과 비교할 수 없을 정도로 크게 변화하고 있다. 이는 세분화된 사람들의 니즈와 부합해 수많은 다양한 플랫폼들을 탄생시켰고 플랫폼의 다양화는 '세포마켓'의 성장을 견인했다. 세포마켓은 '전문성을 바탕으로 자기만족을 추구하면서 유급 생산 또는 유통을 개별적으로 수행하는 개인 마켓'[1]을 뜻하며 소비자이자 판매자인 '셀슈머 sellsumer'가 주도하고 있는 세포 단위의 세분화된 1인 마켓을 일컫는다. 셀슈머들은 SNS, 영상 콘텐츠 채널뿐 아니라 전통적인 오프라인 유통 채널에서도 활발하게 활동하면서 기존 유통 체계를 뿌리부터 뒤흔들고 있다. 특히 인스타그램을 기반으로 발달한 한국의 세포마켓들은 대기업들을 긴장시킬 만큼 무서운 속도로 성장 중이다.

통계청 자료에 따르면, 2018년 국내 전자상거래 시장 규모가 111.5조 원으로 2017년 대비 21.2% 성장했으며, 2019년과 2020년에는 전년 대비 신장률이 각각 19.8%(133.6조 원), 19.6%(159.8조 원)에 달할 것으로 예측된다. 전자상거래 시장의 성장을 대변하듯 2018년 기준 우리나라 전자상거래 침투율은 24.1%를 기록했다. 여기서 '전자상거래 침투율'이

● 국내 전자상거래 시장 규모 및 성장률 전망

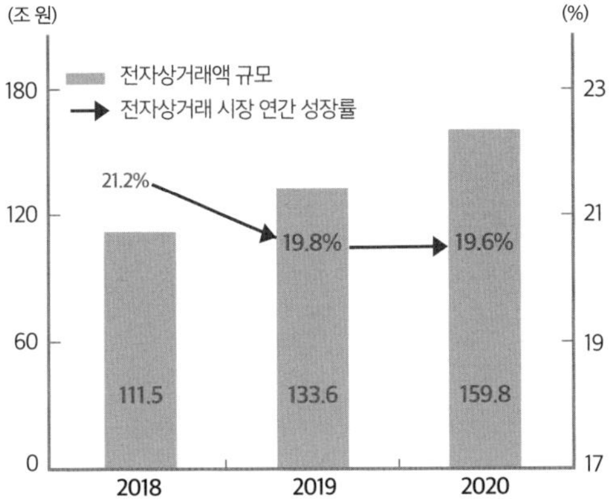

자료: 통계청, 우정경영연구센터, 미래에셋대우 리서치센터

● 글로벌 전자상거래 침투율(2018년 기준)

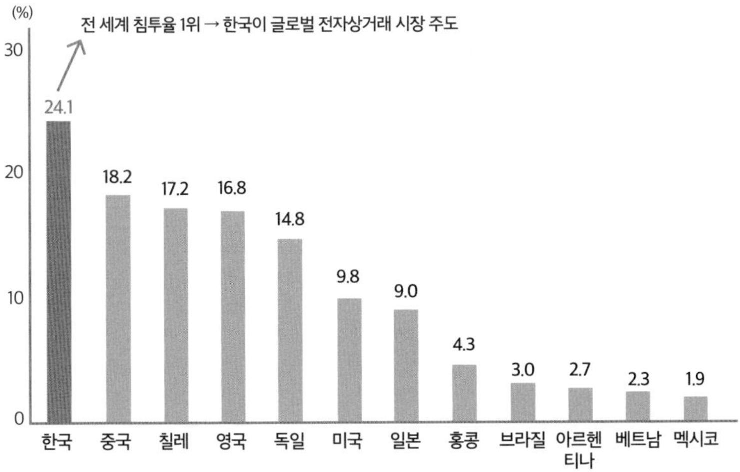

자료: 각국 통계청, 미래에셋대우 리서치센터

란 전체 소비 지출에서 전자상거래(인터넷, 온라인 쇼핑 등)가 차지하는 비중을 의미하며 한국은 중국, 미국, 영국, 일본 등 주요 글로벌 12개국 중 선두를 차지하고 있다.[2] 온라인 쇼핑 중 모바일 쇼핑이 차지하는 비중 또한 늘어 2018년 대비 2019년 27.7%(1조 4,800억 원) 증가했다.[3] '소매업의 종말retail apocalypse'이라고 일컬을 정도로 많은 오프라인 매장들이 폐업하고, 상가의 공실률이 매년 상승하고 있는 것과는 사뭇 대조적이다.

전자상거래 시장 초기에는 도서와 전자제품 등 주로 가격 비교가 쉬운 제품들을 종합쇼핑몰(B2CBusiness-to-Consumer로 대중적인 상품군을 기업에서 일정량의 재고를 보유해 판매)에서 판매하는 방법으로 표준화된 상품 판매가 주를 이뤘다. 이후 소비자들의 취향이 다양해지고 SNS, 모바일 등 전자상거래 시장이 발전하면서 다품종 소량 제품군을 판매하는 C2CConsumer-to-Consumer(소비자가 소비자에게 다양한 제품군을 판매)가 주를 이루게 되었다. 2019년 기준 국내 C2C 상거래 시장의 추정 규모는 20조 원이며, 그중 대부분이 인스타그램이나 페이스북 등 SNS를 통한 거래였다.[4] 서울시 전자상거래센터가 2018년 12월 4천 명의 시민을 대상으로 조사한 결과, 90% 이상의 시민이 SNS를 이용하며 그중 50% 이상이 SNS를 통해 전자상거래를 한 적이 있다고 대답했다. 소규모 유통업의 특성상 세포마켓의 정확한 규모를 가늠하기는 어렵지만, 인스타그램에 세포마켓 관련 검색어인 '마켓'과 '마켓중'을 검색해보면, 2020년 1월 기준 #마켓 180만 건, #마켓중 15만 건으로 활발한 거래가 이루어지고 있다는 것을 알 수 있다.

《트렌드 코리아 2019》는 2019년을 이끌 10개의 키워드 중 하나로 세포마켓을 선정하면서 세포마켓의 주된 무대가 되는 3가지 유형의 플랫폼을 소개했다. SNS, 영상 콘텐츠, 그리고 전통 유통 채널이다. 이 중 가장 많은 사람들이 이용하는 2가지 대표 플랫폼을 통해 소비와 유통의 새로운 문화로 자리 잡아가고 있는 세포마켓에 대해 자세히 알아보도록 하자.

부자의 꿈을 안겨준 유튜브

일반인도 큰 투자 없이 돈을 벌 수 있다는 꿈을 현실로 실현시켜 준 첫 번째 플랫폼은 유튜브다. 연일 유튜버 소득과 관련한 기사가 오르내리는 것만 봐도 그 인기를 알 수 있다. 구글코리아에 따르면 구독자가 10만 명 이상인 국내 유튜브 채널은 2018년 기준 1,275개로 2016년 674개, 2015년 368개와 비교하면 해마다 두 배씩 오른 셈이다. 이용자 수의 증가뿐 아니라 10~20대 위주였던 소비층이 50대 이상의 중장년층으로까지 빠르게 확산되고 있다. 시장이 커지면서 인기 크리에이터들의 광고 수익 역시 매년 증가하고 있다.

한때 유튜브 크리에이터 1세대인 '대도서관'의 광고 수익이 9억 원을 웃돈다는 것이 공개되며 큰 반향을 일으키기도 했다. 대도서관은 전통적 의미에서 스펙이 좋은 사람은 아니었지만, 본인이 좋아하는 분야를 파고들어 '유튜브계의 유재석'이라는 별명을 얻을 만큼 큰 성공을 거뒀다. 최근에는 '보람TV'의 얼굴인 6세 보람 양이 청담동에 95억 원 상당의 건물을 매입해서 화제가 되었다. 보람 양은 '보람튜브 토이리뷰'와 '보람TV 브이로그'로 예상 월수입이 30억 원이 넘는다. 그들은 온라인 플랫폼을 넘어 JTBC 〈랜선라이프〉 등 여러 TV 프로그램에 주요 인물로 출연하면서 연예인보다 더 인기가 많은 연예인으로 자리매김하고 있다. 심지어 초등학생들의 장래 희망 1위에 유튜브 크리에이터가 당당히 자리 잡는 시대다.[5]

유튜브에서 성공하기 위한 핵심은 콘텐츠다. 어떤 내용의 콘텐츠인지, 콘텐츠를 볼 타깃층이 누구인지, 콘텐츠를 어떤 방식으로 편집할 것인지, 콘텐츠에 대해 얼마나 잘 알고 있는지가 중요하다. 그렇기 때문에 소위 말하는 '덕질(어떤 분야를 열성적으로 좋아해 관련된 것들을 모으거나 파고드는 일)'을 할 수 있을 정도로 잘 아는 취미를 콘텐츠로 선정하는 게 유리하다. 예를 들어 '코덕(코스메틱 덕후)'이면 뷰티 관련 콘텐츠를 만드는 것이 좋고 게임 덕후면 게임 중계 같은 콘텐츠가 좋다. 최근에는 브이로그vlog(비디오vedio와 블로그blog의 합성어로 자신의 일상을 동영상으로 촬영한 영상 콘텐츠)가 인기를 끌면서 평범한 일상을 공유하는 유튜버들도 늘고 있지만 특정 콘텐츠 채널보다 수익 규모가 크지 않다(특정 콘텐츠 채널로 구독자가 확보되면 두 번째 채널로 브이로그를 하는 경우가 대부분이다).

유튜버를 다른 말로 표현하면 '콘텐츠 크리에이터'다. 즉, 콘텐츠를 일관되고 지속적으로 생성할만한 능력이 있는 사람을 말한다. 유명 유튜버들의 공통점은 유명해지기 훨씬 전부터 자신이 파고드는 특정 분야가 있었다는 것이다. 특정 분야에 대한 깊은 관심과 창작 능력이 지금의 그들을 만들었다. 하지만 현실에서 남들의 이목을 끄는 콘텐츠를 정기적으로 창조할만한 능력이 있는 사람이 얼마나 될까? 김성엽 유튜버 아카데미 대표는 "1년 이상 제대로 채널을 운영하는 유튜버는 1%도 되지 않는다. 오래 유지하려면 자신이 가장 좋아하는 주제를 택하는 게 좋고, 1년 이상 영상을 제작해 올리면서 채널을 유지하는 꾸준함이 더해져야 한다"고 조언했다.

한국노동연구원이 조사한 결과에 따르면 1인 미디어 콘텐츠 크리에이터의 평균 연봉이 6,400만 원 수준인 것으로 집계됐다. 하지만 한 달 최대 5천만 원을 버는 크리에이터가 있는가 하면 월 5만 원에 그치는 크리에이터도 있는 등 소득 격차가 매우 컸다. 소득이 높은 상위 크리에이터들이 평균을 끌어올린 셈이다. 결국 도전하는 사람들은 많지만 그만큼 소득을 올리지 못하고 실패하는 경우가 허다하다.[6] 다시 말해 유튜브 계정을 만들고 영상을 올리는 것은 '누구나' 할 수 있는 일이지만 새로운 콘텐츠를 창작하고 지속적으로 특정 분야에 관심 있는 사람들을 만족시키는 것은 '누구나' 할 수 있는 일이 아니다.

진정한 1인 마켓의 효시, 인스타그램

세포마켓을 대표하는 판매 채널은 사실 유튜브보다 SNS라 할 수 있다. 인스타그램은 페이스북과 트위터의 인기가 주춤한 사이에 10억 명의 세계인이 사용하는 대표적인 SNS 중 하나로 자리매김했다. 소수의 트렌드 세터들만 사용했던 인스타그램은 사용자의 90%가 만 35세 이하[7]

로 명실상부 전 세계 밀레니얼millennial 세대를 대표하는 차세대 소셜 미디어다. 이런 성장에 힘입어 기업에서도 마케팅 수단으로 이를 활용하는 사례가 늘고 있다.

2019년 5월 인스타그램 비즈니스 및 미디어 총괄 부사장인 짐 스콰이어스가 '인스타그램 비즈니스 플랫폼으로의 도약'이란 주제로 한국에서 기자간담회를 열었다. 인스타그램에 따르면 인스타그램 사용자의 92%가 인스타그램에서 상품을 접한 후 구매와 관련된 행동을 취했고, 85%가 인스타그램에서 상품에 대한 더 자세한 정보를 검색한 경험이 있으며, 63%는 인스타그램에 연계된 브랜드 웹사이트 또는 앱을 방문했다고 응답했다. 또한 35%는 상품을 구매한 적이 있고, 23%는 상품을 재구매하거나 타인에게 상품을 추천했다고 말했다. 조사 대상의 50% 이상은 전년 대비 인스타그램을 더 많이 쓰고 있으며, 2명 중 1명은 인스타그램이 트렌드를 따라잡는 데 중요한 플랫폼이라고 생각한다고 한다. 인스타그램 사용자들은 트렌드(58%), 신제품(51%), 프로모션(48%) 등의 콘텐츠를 선호하는 것으로 나타났고, 재밌고(52%), 진정성(43%) 있으며, 창의성(40%)이 돋보이는 콘텐츠에 대한 기대 또한 큰 것으로 조사되었다. 인스타그램 비즈니스 게시물 수는 2018년 대비 50% 정도 증가했고, 2,500만 개의 비즈니스 프로필이 운영 중이며, 국내 월 사용자는 1천만 명 수준이다.[8]

인스타그램의 상업적 성장을 증명하듯 2018년에는 상품에 가격 정보 태그(사진에 라벨 붙이기)를 걸고 누르면 외부 구매 웹사이트로 이동이

● 인스타그램 사용자들이 선호하는 콘텐츠

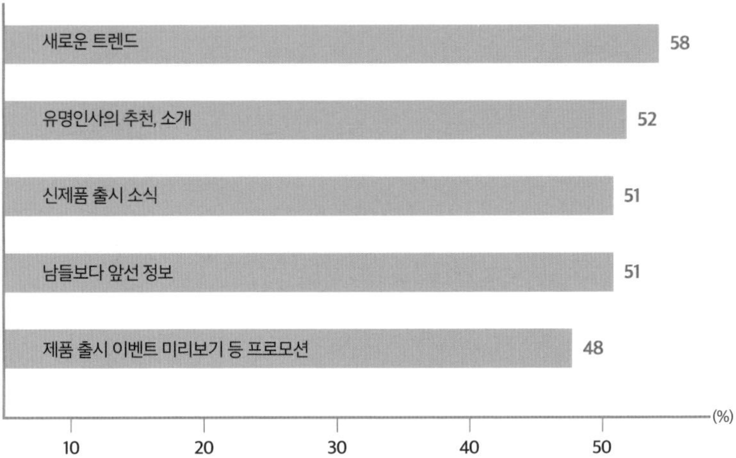

자료: 〈인스타그램 비즈니스 플랫폼으로의 도약〉 보고서, 인스타그램, 2019 재구성

가능한 쇼핑 기능이 등장했고, 스토리 기능(2장의 '인스타그램 세포마켓을 위한 첫걸음'에서 보다 자세히 설명하겠다)에서도 쇼핑이 가능해졌다. 인스타그램은 추후 사진을 누르면 앱 내에서 결제가 가능한 시스템을 구축할 계획으로 관심사가 맞는 브랜드와 사용자를 적극적으로 연결해주겠다는 포부를 밝혔다. 시장에 새로운 활력을 불러일으키고 있는 세포마켓이 1인 사업자들을 위한 기능을 강화하고 있는 인스타그램을 기반으로 더욱 성장하리라고 본다.

그렇다면 앞서 설명한 유튜브와 함께 국내 시장경제의 유의미한 변화를 주도하고 있는 인스타그램은 어떻게 다를까? 이 둘의 가장 큰 차이점은 콘텐츠 내용과 수익구조다. 인스타그램은 유튜브에서 핵심으로 꼽히는 '덕질'하는 취미나 관심사가 없어도 가능하다. 관심 분야가 있다면 더 수월하겠지만 인스타그램 콘텐츠는 주로 일상생활을 바탕으로 만들어진다. 즉, 나를 팔로우(특정 사람이나 업체 계정을 즐겨 찾고 따르는 사람)해주는 사람들에게 나의 '일상'을 공유하는 것이다. 자신의 생애주기나 취향에 맞는 옷, 화장품, 신발, 비타민, 다이어트약 등 라이프스타일 전반을 아우르는 제품을 판매하는 것이 일반적인 형태다. 특히 관심 있는 한두 개 분야의 제품군을 중점적으로 판매하기도 하고 그 안에서 다양한 니즈에 부합하는 제품들을 추가로 선보이기도 한다. 일상의 모습을 사진이나 짧은 동영상으로 보여주는 것이기 때문에 오랫동안 볼만한 콘텐츠를 제작해야 하는 창작 능력이나 특별한 편집 기술이 없어도 괜찮다. 기본적인 편집 작업은 인스타그램이 제공하는 기능만으로도 충분히 가능하다.

두 활동 플랫폼은 수익 구조도 다르다. 유튜브는 콘텐츠의 시청 여부에 따른 광고로 수익을 창출하지만, 인스타그램 세포마켓은 제품을 판매함으로써 수익이 생긴다. 그렇기 때문에 유튜브는 콘텐츠가 중요하고 세포마켓은 제품이 중요하다. 유튜브에서는 흥미로운 콘텐츠를 창조하는 능력이, 세포마켓에서는 매력적인 제품을 구색에 맞게 제안할 줄 아는 능력이 수익 창출로 이어진다. 즉, 유튜브는 '크리에이터[creator]'가 되는 것이고 인스타그램은 '큐레이터[curator]'가 되는 것이다(3장의 '크리에이터가 아닌 큐레이터'에서 보다 자세히 설명하겠다).

따라서 인스타그램은 자신의 일상과 연관성이 큰 소비재와 트렌드에 대한 관심만 있다면 '누구나' 할 수 있다. 현대 사회를 사는 보통의 사람이라면 모두 '소비자'다. 제품을 찾고, 고르고, 사는 과정은 누구나 경험해본 익숙한 활동이다. 인스타그램에서 세포마켓을 운영한다는 것은 그저 조금 더 전문적인 소비자가 되는 것뿐이다.

한국 세포마켓의 특징

'평생직장'은 이미 오래전에 옛말이 되었다. 한국은 취업자 대비 자영업자 비율이 25.1%로 미국의 4배, 일본의 2.5배에 달하며, OECD 평균인 15.3%보다 10%가량 높아 그리스, 터키, 멕시코, 칠레에 이어 5위다.[9] 이유를 불문하고 작든 크든 개인이 '사장'이 되어 자기만의 사업을 하고자 하는 현상이 우리나라 경제 전반을 아우르는 트렌드가 되었다. 이는 세포마켓의 성장과도 연결된다. 세포마켓이라는 용어가 새롭고 신선하기는 하지만 세포 단위의 개인들이 상업 전선에 뛰어든 것은 새로운 일이 아니다. 온라인상에서도 G마켓, 쿠팡, 11번가 등 다양한 오픈마켓을 통해 이미 많은 개인들이 판매자를 자처했고 블로그 마켓, 핫딜 카페, 카카오스토리 등 다양한 세포마켓들이 존재한다. SNS의 발달과 함께 인스타그램으로 세포마켓이 확장되면서 더 성장하긴 했지만, 한국 세포마켓의 발달은 자영업의 발달과 궤를 같이한다.

공구는 왜 유독 한국에서 발달했을까

인스타그램을 기반으로 한 한국의 세포마켓에서는 유독 '공구(공동구매의 줄임말로 기존에 존재하는 브랜드의 제품을 홍보, 마케팅하여 공동구매 방식으로 판매)'가 활발하다. 2020년 1월 기준 인스타그램에서 '공구'를 검색하면 약 190만 개의 게시물이 나온다. 이는 '마켓'을 검색했을 때(약 180만 개)보다 더 많은 수치다. 그렇다면 왜 유독 인스타그램 세포마켓에서 공구가 활발하게 이뤄지게 된 것일까? 공구를 이용해 가장 많이 판매되고 있는 화장품 시장을 살펴보면 이에 대한 답을 찾을 수 있다.

'K뷰티'라는 말이 생겨날 정도로 우리나라 화장품은 전 세계에서 인정받고 있다. 화장품 가게에서 제품을 싹쓸이하는 외국 관광객들의 모습을 심심치 않게 볼 수 있고 SNS에 구매 인증 사진도 많이 올라온다. 우리나라 화장품 시장이 이렇게 성장하게 된 이유 중 하나는 뷰티에 관심 있는 많은 소비자들로 인해 화장품 시장이 초세분화되었기 때문이다. 헬스앤뷰티 스토어인 올리브영의 매출 통계에 따르면 2018년 주요 카테고리 상위 인기 제품들 중 55%가 군소 브랜드로 신진 브랜드들의 활약이 오프라인에서도 강세다. 전통적인 시장에서는 상위 20%의 주류 상품이 매출의 80%를 차지하는 파레토 법칙이 적용되지만, 정보통신기술의 발달로 플랫폼이 다양화되면서 시장의 긴 꼬리long-tail에 존재하는 수많은 군소 브랜드가 주류 브랜드를 대신해 시장의 지배력을 얻고 있다.[10] 이를 롱테일 법칙(파레토 법칙과 대치되는 의미로 80%의 사소한 다수가 20%의 핵심 소수보다 뛰어난 가치를 창출한다는 법칙)이라고 한다. 이러한 롱테일 시장이 성장하기 위해서는 수요와 공급 양쪽에서 다음의 몇 가지 조건이 충족되어야 한다.

수요 측면

- 검색 엔진, 제품 큐레이션, 온라인 커뮤니티 등 소비자들이 원하는 제품을 쉽게 찾을 수 있는 시스템이 구축되어야 한다.
- 새로운 제품을 봤을 때 받아들이고자 하는 수용성이 높아야 한다.
- 다양한 취향과 선호가 존재해야 한다.

공급 측면

- 재고를 관리하는 비용과 고객과의 의사소통 비용이 최소화되어야 한다.
- 산업구조가 다변화되고 신제품을 만들고 유통하는 데 부담이 덜 해야 한다. 즉, 다품종 소량 생산이 가능해야 하고, 이를 효율적으로 관리 홍보할 수 있어야 한다.
- 수요와 공급이 효과적으로 연결될 수 있도록 중간다리 역할을 하는 매개체가 있어 누구나 쉽게 다양한 제품을 구매할 수 있어야 한다.

국내 화장품 시장은 롱테일 법칙이 효과적으로 작동하기 위한 최적의 조건을 갖추고 있다. 시장이 그만큼 성숙하고 효율적이다. 공장이나 제반 시설을 소유하지 않아도 한국 콜마나 코스맥스같이 ODM Original

Development Manufacturing(제조업자개발생산)이나 OEMOriginal Equipment Manufacturing(주문자상표부착생산) 방식으로 제품을 생산하는 시설들이 많기 때문에 새로운 화장품을 개발하고 생산하고 판매하기 용이하다. 관련 회사에서 브랜드 컨설팅부터 제품 레시피 제안, 용기 및 라벨 추천, 임상시험 전문기관 의뢰, 포장 등의 모든 과정을 대행해준다. 제품을 만들고자 하는 사람이 전문가처럼 성분에 대한 지식이 있거나 제품의 콘셉트를 가지고 있으면 좋겠지만 원하는 효과나 아이디어만 있어도 전문가의 도움을 받아 제품을 만들 수 있다. 식약처에 화장품 책임 판매업체로 신고하고 허가를 받은 후, 1년에 한 번씩 한 해 동안 만든 상품에 대해 보고하면 브랜드를 만들 수 있다.

이를 방증하듯 화장품 판매업체와 제조업체 수가 매년 증가하고 있다. 2018년 식약처에서 허가받은 화장품 판매업체와 제조업체는 전년 대비 각각 36.1%, 24.5% 증가했으며, 2018년 상반기에만 판매업체가 1천 개 넘게 등록되었다. 화장품 시장은 점점 더 치열해지고 제품 수준은 상향 평준화되어 군소 브랜드들은 판매 경쟁에 더 열을 올려야 하는 실정이다. 하지만 군소 브랜드들은 올리브영이나 라라블라와 같은 오프라인 편집 매장에 입점하기에는 규모가 작고 연예인 모델을 쓰거나 TV 광고 등 기존 매체를 활용하는 것은 여건이 안 된다. 인터넷 검색 광고인 온라인 경쟁 또한 치열해짐에 따라 소비자들의 눈에 띄는 것이 더 어려워졌다. 이런 상황에서 군소 브랜드들이 살아남기 위해 선택한 전략이 인플루언서 마케팅이다(2장의 '인플루언서 전성시대'에서 보다 자세히 설명하겠다). SNS의 발달로 밀레니얼 세대에서는 인플루언서가 웬만한 연예인보다 소비자에게 미치는 영향력이 더 크기 때문에 '인플루언서가 사용하는 화장품'이라고 입소문이 나면 연예인 모델을 쓰는 것 이상의 마케팅 효과를 볼 수 있다. 하지만 화장품 같은 소모품은 주기적인 구매가 이뤄져야 하는 제품으로 일회성 협찬만으로는 생존이 어려울 수밖에 없다. 인플루언서 입장에서도 협찬 사진만 올리는 걸로는 돈을 벌기 어렵다.

군소 브랜드들은 인플루언서 마케팅의 한계를 극복하고자 도리어 인플루언서를 전면에 내세워 그들을 판매에 더 적극적으로 개입시켰다. 협찬 비용 대신 판매 비용의 일부를 수수료로 떼어주면 제품이 팔릴수록 인플루언서의 수익도 올라가기 때문에 그들도 자발적으로 제품을 더욱 열심히 연구하고 홍보하게 된다. 업체에서 따로 부탁하거나 광고료를 지불하지 않아도 자신의 수익 창출을 위해 콘텐츠를 만들고 마케팅에 적극적으로 나선다. 군소 브랜드 입장에서는 새로운 판매 플랫폼을 가질 수 있을 뿐 아니라 인플루언서가 만든 수많은 UCC User-Created Content(사용자 제작 콘텐츠)가 자연스럽게 광고 효과를 유발하여 매출에 도움이 된다. 인플루언서 입장에서도 군소 브랜드의 제품을 판매하면 아직 잘 알려지지 않은 '우리만의 제품'을 팔로워들과 같이 발견한 듯한 인상을 주므로 팔로워들과의 '결속력'이 더욱더 단단해진다. 더구나 생산, 재고 및 배송에 대한 부담을 직접 지지 않아도 되니 큰 비용 없이 효율적으로 운영할 수 있는 것도 장점이다.[11] 특히 소모품인 화장품의 경우 정기적인 수익 창출이 가능하므로 일종의 러닝 개런티running guarantee(흥행 결과에 따라 개런티를 받는 방식)를 확보할 수 있다.

결과적으로 세포마켓을 통해 군소 브랜드는 마케팅과 판매를 아웃소싱하고, 인플루언서는 제품 생산과 물류를 아웃소싱하게 된 효과를 누리게 된다. 게다가 고객들과 긴밀하게 소통하는 인플루언서의 의견을 반영하면 트렌디한 제품을 발 빠르게 개발할 수도 있다. 이처럼 세포마켓은 상품의 홍보나 유통을 넘어 시장의 트렌드를 반영한 새로운 제품을 끊임없이 만들 수 있는 플랫폼으로 성장 중이다. 롱테일 법칙이 진정으로 실현될 수 있는 산업 기반이 완성된 것이라 할 수 있다.

최근 유명 뷰튜버(뷰티 유튜버)이자 화장품 성분 분석 전문가인 **디렉터파이**(@director_pihyunjung, 6.7만 팔로워, 숫자는 팔로워 수를 뜻함. 이하 모두 '팔로워' 생략)가 인스타그램에서 공구 중인 유명 화장품들을 리뷰해주는 영상을 유튜브에 올렸다. 팔로워들에게 리뷰할 화장품 순위를 받았는데 블리블리, 탈라, 티르티르, 리바이포유, 피토메르, 오하이오후, 올리고더미, 피토레스코, 라비앙 등의 브랜드들이 순위에 올랐다. 이 중 '피토레스코'는 인플루언서가 직접 만들지는 않았지만 **라비에마켓**(@lavie_rim, 9.2만), **떼오로**(@theorohaejung 8.5만), **융시크**(@yoongandchic, 7.5만), **아브컬렉션**(@aav_chloelee, 6.6만) 등 유명 인플루언서들이 판매했거나 판매하고 있는 브랜드다. 피토레스코는 인스타그램 세포마켓을 통해 판매되는 공구 가격과 주요 온라인 채널에서의 가격을 차별화하여 고객들에게 할인된 가격을 제공한다. 공구 가격은 어떤 인플루언서가 판매하든 동일하지만, 본사에서 공구 일정과 물량을 조절함으로써 인플루언서가 정기적인 수익을 창출할 수 있도록 돕고 있다. 소모품인 화장품은 수요가 계속 있기 때문에 인플루언서들은 주기적으로 피토레스코 제품을 추천하고 고객들은 해당 인플루언서를 팔로우하면서 다음 공구 일정을 기다린다. 이런 방법을 통해 피토레스코는 오프라인 매장이나 값비싼 연예인 모델, 마케팅 없이도 인기 화장품으로 등극했다.

시장표 옷의 환골탈태

한국은 1960년대부터 섬유산업이 발전했다. 정부의 계획적인 지원으로 동대문은 원단, 부자재, 봉제, 도매가 원스톱으로 가능한 클러스터cluster(비슷한 업종이면서 서로 다른 기능을 하는 관련 기업과 기관 등이 모여 있는 곳) 구조를 띠게 되었으며, 24시간 이내에 제품 기획부터 디자인, 생산, 유통까지 모두 가능한 전 세계 최초의 패션 집적지가 되었다. 지금은 많은 대형 의류 공장들이 중국, 베트남 등 인건비가 더 저렴한 국가로 이전하긴 했지만 봉제 이외의 인프라는 동대문을 따라가지 못할뿐더러 기술력을 필요로 하는 봉제는 여전히 한국이 가장 앞선다.[12] 대형 의류 브랜드에서도 고품질 제품을 소량 생산하거나 짧은 시간 안에 옷을 만들어야 하는 경우에는 국내 공장을 이용한다.

앞서 언급했듯이 동대문의 가장 큰 강점은 패션 산업의 각 부문이 한 장소에 집적되어 있다는 것이다. 이로 인해 제작과 유통 과정이 효율적이고 트렌드에 대한 대응력이 빠르며 대량 생산을 원할 경우 임금이 낮은 해외 공장과의 연계도 비교적 쉬운 편이다. 디자인이나 유통은 동대문에서 하고 생산만 해외에 맡기는 것도 가능하다. 한국에 본사를 뒀지만, 해외에 공장을 가진 업체들이 많고 봉제 공장이 있는 나라들과 긴밀하게 일하는 도매업자들도 많다. 이런 강점들을 이용하여 동대문은 한때 중국 바이어들과의 사업을 통해 호황을 누렸지만 사드 배치 등 중국 관련 악재로 몇 년째 매출이 급감하고 있다.

최근에 동대문이 재도약의 기회를 엿보며 주목하고 있는 시장이 바로 세포마켓이다. 도매업자들은 "누가 판매하는가에 따라 시장표 제품도 명품이 될 수 있다"고 말한다. 특히 한국 소비자들은 동경하는 사람을 따라 하고 싶어 하는 모방심리와 타인과 취향이 비슷하다는 소속감을 느끼고 싶어 인기에 휩쓸리는 군중심리가 강하기 때문에 누가 입었느냐가 무엇보다 중요하다.[13] 미국 광고의 경우 대개 유명하지 않은 모델이나 일반인이 제품의 특징이나 실용적인 장점을 설명하는 인포머셜 infomercial을 선호하는 반면 한국에서는 유명 연예인이 사용하고, 입고, 먹는 것처럼 광고를 제작하는 것이 훨씬 더 효과적이다. 인스타그램 세포마켓의 발달로 인해 이전과 달라진 점은 '내가 팔로우하는 사람'이 추천하는 물건을 구매하는 소비자가 늘었다는 것이다. 그들은 자신의 일상을 팔로워들에게 공유하고 함께 소통하면서 선망했던 연예인보다 더 많은 유대감과 소속감을 주기 때문에 구매에 더 크게 영향을 미친다.

하지만 동대문은 새벽에 열리는 도매 시장을 방문해서 제품을 사입(도매 시장에서 제품을 구매하여 판매)하고 직접 포장 및 배송까지 해야 하므로 업체에서 위탁 배송을 해주는 공구와는 달리 번거로움이 있다. 게다가 시장이라는 특성상 기존 인적 네트워크에 의존하는 경우가 많아서 진입장벽이 높다. 동대문에서도 이러한 불편함을 개선하고 세포마켓과 발맞추기 위해 '신상마켓', '링크샵스' 등 스타트업들과 연계해 사입, 배송, 마케팅 통계, 트렌드 리포트 등 다양한 기능을 디지털화하여 서비스하기 시작했다.

최근 160억 원을 투자받은 '신상마켓(패션 B2B 플랫폼 서비스)'은 대면 장사를 선호하던 동대문 도매업자들을 디지털 플랫폼으로 유인하는 데 성공했다. 소매업자들은 신상마켓에 사업자등록증만 제출하는 간단한 승인 절차를 통과하면 수많은 동대문 도매업자들의 제품을 온라인으로 살펴보고 구매할 수 있다. 신상마켓 앱을 이용하면 카드 결제가 가능하고 여러 도매업자들의 제품을 한꺼번에 주문하고 배송받는 '신상배송' 서비스도 이용할 수 있다. 이전에도 '사입삼촌'이라고 불리는 대행

출처: 신상마켓

▽ 패션 B2B 플랫폼 서비스 신상마켓에서는 사업자등록증만 제출하면 제품 구매 가능

업자들이 새벽 시장에 가서 제품을 대신 구매해주는 시스템이 있었지만, 이들은 알음알음 소개받아야 하므로 신규 소매업자들은 접근하기 어려웠다. 하지만 온라인 플랫폼은 사업자등록증만 있으면 누구나 접근이 가능해 정보 불균형을 해소하고 기존 네트워크가 없어도 시작할 수 있도록 진입장벽을 낮춰준다. 신상마켓은 앞으로 구매 고객에게 배송을 대행해주는 위탁 배송 서비스도 제공할 계획이라고 한다. 동대문에 아는 사람이 없어도, 배송에 할애할 인력이나 시간이 없어도 누구나 세포마켓을 시작할 수 있게 된 것이다.

소비자이자 판매자가 된 밀레니얼 세대

한국에서 세포마켓이 급속하게 발전하고 있는 현상을 이해하려면 밀레니얼 세대를 살펴볼 필요가 있다. 통상적으로 밀레니얼 세대는 1980년대 초반부터 1990년대 중반에 태어난 세대를 일컫는다. 디지털 네이티브digital native인 이들은 스마트폰을 신체 일부로 느낄 정도로 인터넷과 정보 기술에 능통하며, SNS를 이용해 언제 어디서나 다른 사람들과의 소통과 공유를 즐긴다. 영국 경제주간지 《이코노미스트》는 그들을 '포노 사피엔스phono sapiens(스마트폰을 신체 일부처럼 사용하는 인류로 지혜가 있는 인간이라는 의미의 호모 사피엔스에 빗대어 표현)'라고 표현했다.

이런 밀레니얼 세대가 한국의 주도적 경제 인구 계층으로 급성장하면서 소비 시장에도 큰 변화가 일어났다. 스마트폰 사용이 일상화된 그들은 신선 식품, 꽃, 가구 등 이전 세대가 온라인 쇼핑을 통해 구매하지 않았던 품목들까지도 스마트폰을 이용해 구매하는 게 더 자연스러울 정도로 온라인 쇼핑에 대한 의존도가 높다. 또한 기업의 광고나 유명인의 인지도를 이용한 상업적인 정보보다는 신뢰할만한 사람의 추천에 의지하여 제품을 구매하려는 경향이 크다. 주로 SNS에서 본인이 믿을 만하다고 스스로 선정한 사람을 팔로우하면서 그들에게 정보를 얻는다. 특히 세포마켓은 수많은 후기들을 비교 분석할 수 있고 제품을 추천하는 판매자의 정보뿐만 아니라 일상까지 공유되고 있기 때문에 단순히 제품을 산다는 의미보다는 함께 경험을 공유한다는 점에서 밀레니얼 세대에게 매력적으로 다가온다.

소비자로서 밀레니얼 세대가 갖는 또 하나의 특징은 구매 조건이 달라졌다는 점이다. 밀레니얼 세대는 맛있는 음식을 먹고 예쁜 사진을 남기기 위해서라면 먼 거리의 작은 골목도 마다하지 않고 찾아가며, 누구나 아는 대형 브랜드보다는 자신만의 독특한 취향이 드러나는 제품을 구매하기 위해 돈과 시간을 아끼지 않는다. 그렇다고 가성비를 따지지 않는 것은 아니다. 다만, 가격보다는 소비를 통해 '내가 얼마나 만족하는가'를 가장 중요한 구매 조건으로 삼고 있다. 그들에게는 가격 대비 마음의 만족, 즉 '가심비'가 중요하다. 자기만족과 개성을 표현하기 위한 하나의 방법으로 소비를 하거나 제품에서 얻는 '경험' 그 자체를 즐기는 것을 중요시한다. 여기서 더 나아가 소유보다는 제품을 나눠 쓰는 공유경제 문화를 주도하고 있다.

그런데 밀레니얼 세대는 제품을 구매하는 것에 그치지 않는다. 원하는 제품이 없다면 직접 찾아보고 연구하고 사용한다. 나아가 제품이 만족스러우면 다른 사람들에게 추천하고 판매까지 한다. 그들은 타인의 말에 의해 움직이기보다 직접 경험하면서 능동적이고 주체적으로 일하고 싶어 한다. 그러다 보니 자아를 실현할 수 있는 직업을 갖고 자유롭고 유연한 삶을 사는 것이 인생 목표다. '퇴사 학교'와 같이 이직과 창업에 특화된 교육 기관의 수강자가 매년 증가하고 있는 것을 보면 알 수 있다.[14] 하지만 경제 불황과 취업난이 지속되고 있는 요즘 용기 내어 안정적인 직업을 박차고 나와 새로운 일을 시작할 수 있는 사람들이 얼마나 될까? 결국 조직에 소속되어 있을지라도 퇴근 후에는 취미활동을 하거나 자아를 실현하면서도 소소하게 돈벌이까지 될 수 있는 '또' 다른 일이 없는지 기웃거린다. 이런 밀레니얼 세대에게 N잡러가 되는 것은 매우 자연스러운 귀결이라고 볼 수 있다. N잡러는 투잡을 넘어 N개의 직업을 가진 사람으로 본업에서 채워지지 않은 자아실현을 다른 부업과 취미활동을 통해 추구하는 사람을 말한다. 이는 경제적인 여유와 함께 밀레니얼 세대가 가진 상충되는 가치를 충족시킬 수 있는 방법으로 주목받고 있다.

이러한 밀레니얼 세대에게 인스타그램을 기반으로 한 세포마켓은 기존 창업의 장애물 없이 자신만의 일을 시작할 수 있는 최적의 자영업이다. 오프라인 창업은 초기 자본금이 필요하기 때문에 시작부터 진입 장벽에 부딪친다. 더구나 저성장 시대에 오프라인 매장들도 점점 소형화·전문화되어 가는 추세다. 자본금이 거의 들지 않는 세포마켓으로 눈을 돌리는 것은 어쩌면 당연한 일일지 모른다. 세포마켓을 시작하기 위해서는 스마트폰 하나만 있으면 된다. 사무실이나 비싼 장비 없이 얼마든지 창업이 가능하고 혼자서 운영할 수 있어 인건비에 대한 걱정도 없다. 비용에 대한 부담이 없기 때문에 매출이나 수익에 대해서도 상대적으로 자유롭다. 고정 비용 없이 시작하므로 첫 매출이 일어나는 순간부터 수익이 생긴다. 본인의 노력 여하에 따라 벌 수 있는 돈은 천차만별이지만 일단 시작하기에 부담이 적다.

또한 본업이나 육아 등 다른 일과 병행이 가능하다. 본업을 관두거나 직업이 될 수 있을지, 이 일로 먹고살 수 있을지에 대해서 고민하지 않아도 된다. 자신에게 맞는 일인지 시간을 두고 결정해도 늦지 않다. 그러므로 현재의 직업에 만족하지 못하고 있다면, 장기화된 취업난에 절망하고 있다면, 아이를 낳고 경력이 단절되었거나 육아와 병행할 수 있는 일을 찾고 있다면, 지금 당장 세포마켓을 시작하지 않을 이유가 하나도 없다.

당신의 일상을 팝니다

일부 유튜버들의 고소득 기사가 이슈화되면서 쉽게(?) 돈 벌 수 있다는 생각에 너도나도 유튜브를 시작한다. 일단 채널은 개설했는데 그 이후가 막막하다. 장비를 준비하고, 촬영하고, 편집하고, 무엇보다 정기적으로 콘텐츠를 만드는 것은 아무나 할 수 있는 일이 아니다. 처음부터 일정 이상의 금전적 · 시간적 투자가 필요할 뿐 아니라 남들이 흥미로워할 만한 콘텐츠를 제작할 수 있는 능력도 있어야 한다. 많은 사람들이 그렇게 유튜브를 쉽게 시작하고, 또 쉽게 접는다.

불확실한 미래 앞에 '또' 다른 일을 하면서 큰 수익을 내고 있는 사람들의 이야기는 나조차 솔깃하게 만들었다. 유행을 따라 유튜브를 시작해볼까 생각도 했지만 쉽게 접을 게 뻔했다. 나는 대학 졸업 후 1년 반 동안의 회사 생활을 제외하고는 10년간 학교에서 공부만 했다. 연구를 직업 삼아 살았고, 졸업 후 강단에 설 거라고 생각했다. 아르바이트도 대학을 다니면서 했던 과외가 전부였다. 루이뷔통 재직 당시 3개월 정도 매장 판매를 하면서 장사는 내가 할 수 있는 일이 아니라 생각했다. 과연 돈도, 기술도, 이렇다 할 특별한 능력도 없는 내가 할 수 있는 일이 있을까? 인스타그램은 그런 나에게 새로운 길을 제시해주었다. 일상이 담긴 사진 한 장, 그것만 있으면 인스타그램 세포마켓을 시작할 수 있다.

일상이 곧 사업 밑천

미국에서 박사과정을 밟으면서 인스타그램 계정을 처음 만들었다. 2010년만 해도 인스타그램 사용자가 그리 많지 않던 시기였고 인스타그램을 통해 제품을 판매한다는 것은 더욱더 낯선 일이었다. 2016년 결혼 준비에 한창 바빴을 때 한국에서 인스타그램이 대중적 인기를 얻어 가고 있었다. 인기에 힘입어 인스타그램을 통해 돈을 버는 사람들이 하나둘씩 나오기 시작했던 때이기도 하다. 나 역시 인스타그램을 통해 결혼 준비와 관련된 정보를 얻으며 차츰 인스타그램을 이용하는 횟수가 늘어났다. 시간이 또 한 번 흘러 출산을 하고 엄마가 되었다. 주변에 엄마가 된 친구들이 없어 관련 정보를 얻고자 인스타그램을 다시 찾았다. 육아를 하면서 아이와 함께 하는 시간이 많아지다 보니 아이의 모습과 이야기를 공유하고 공감해주는 사람들과의 소통이 소중해졌다. 심리학을 공부하고 두 분의 교육자 밑에서 자란 사람으로서 아이의 성장과 발달에 대해 알고 있는 지식도 공유해주고 싶었다. 육아하는 일상이 하나의 콘텐츠이자 타인들과 공감할 수 있는 매개가 된 것이다. 그것이 바로 여우마켓의 시작이자 사업 밑천이다.

아이를 낳은 순간부터 내 삶의 중심은 아이가 되었다. 공부도 하고 일도 하지만, 인생에서 가장 중요한 것은 아이가 건강하고 바르고 행복하게 크는 것이다. 여우마켓에서는 아이가 필요한 물건, 아이가 좋아하는 장난감, 아이에게 읽어 주고 싶은 책이 콘텐츠이자 판매 제품이다. 아이가 중심이다 보니 관련된 좋은 콘텐츠들이 쉽게 눈에 띈다. 핫플(핫플레이스)나 스튜디오를 가지 않아도 집에서 충분히 엄마들이 공감할만한 콘텐츠를 만들 수 있다. 제품을 사용하는 아이의 일상을 스마트폰 카메라에 담고 사람들이 공감하고 흥미 있어 할만한 내용들을 편집하면 된다. 내가 등장하는 경우는 드물어서 나는 따로 준비할 필요도 없다. 남들보다 뛰어난 전문가이거나 오래전부터 해오던 취미가 아니어도 된다. 자신이 좋아하고 관심 있어 하는 걸 일상에서 찾으면 된다. 세포마켓에서는 그 일상이 당신의 사업 밑천이 되어 줄 것이다.

1년 만에 1억 원?!

'여우마켓'이라는 이름으로 사업자 등록을 하고 처음 달성한 판매 매출은 120만 원 정도였지만 수익은 5만 원에 불과했다. 업체와 가격 조율을 잘못하는 바람에 다른 오픈 마켓에서 더 저렴한 가격으로 같은 제품이 판매되어 더 비싸게 산 사람들에게 돈을 환불해주고 나니 남는 것이 거의 없었다. 제품을 만들거나 브랜드가 있는 것도 아니고 제대로 된 매장이나 쇼핑몰도 없는 사람이 제품을 판매했을 때 어느 정도의 수익을 요구해야 하는지 전혀 몰랐던 것이다. 여러 세포마켓들을 기웃거리며 운영 방법을 혼자 터득해가면서 돈을 벌 수 있을 거라는 기대에 차 있었는데, 막상 판매가 시작되자 실망감이 들었다.

두 번째 판매는 심지어 적자였다. 수입 제품이라 샘플을 직접 구매했는데 샘플 값도 못 벌었다. 두 번의 판매 실패로 남은 것은 없었지만 일단 판매가 이루어졌다는 게 신기하고 재미있었다. 감을 잡아가는 느낌이었다. 더구나 두 번 다 나의 부족함으로 인한 결과였기 때문에 쉽게 포기할 수 없었다. 더 많은 세포마켓을 연구하고 더 좋은 제품을 찾아보며 세포마켓에 점점 흥미를 느끼게 되었다.

세 번째 판매 제품을 찾고자 방문한 베이비페어(육아용품 박람회)에서 마음에 드는 화장품을 발견했다. 생긴 지 1년도 채 되지 않은 브랜드였다. 소비자에게 검증되진 않았지만 사용해본 결과 아주 만족스러웠고 인스타그램 공구로 판매된 적이 없는 제품이라는 점도 메리트로 느껴졌다. 두 초보가 의기투합한 결과는 예상보다 좋았다. 세 번 만에 제대로 된 수익이 난 것이다. 매출은 500만 원 정도였고, 대략 15%의 수익이 남았다. 이를 발판 삼아 책도 수입하고, 장난감도 파는 등 육아 관련 제품을 다양하게 판매하는 세포마켓으로 성장했다. 지금 생각해보면 신생 화장품 브랜드였기 때문에 초보 세포마켓 운영자의 절실함을 알아봐준 것 같다.

사업자 등록을 한 후 제대로 된 수익이 나기까지 한 달, 어느 정도 정기적인 수익이 생기기까지 석 달, 그리고 교구와 책이라는 특화된 제품군이 만들어지기까지 약 넉 달의 시간이 걸렸다. 창업 당시 비용은 전혀 없었기 때문에 사실상 첫 달 이후부터는 흑자 사업이 된 것이다. 2018년 4월 창업한 여우마켓은 수익이 실제로 나기 시작한 5월 이후부터 6개월 만에 약 1억 원 정도의 매출을 올렸다.

여우마켓을 운영한 지 2년이 다 되어 가지만 창업 당시와 비교해서 늘어난 비용은 거의 없다. 여전히 혼자 운영하고 있고 사무실이 따로 있지 않아 임대료가 없으며 촬영은 스마트폰으로 한다. 영상이나 사진 편집 또한 스마트폰 내에 있는 앱으로 한다. 굳이 비용을 따지자면 초창기에는 무료 앱들만 사용했는데 지금은 1~2만 원 대의 유료 앱을 몇 개 구매한 것과 관심 있던 분야에 조금 더 시간과 노력을 들이는 것뿐이다.

이제는 판매하는 제품들 중 직접 배송하는 사입의 경우 공급가 대비 40~60% 정도, 배송과 고객 불만 처리를 업체에서 관리해주는 공구의 경우 품목에 따라 10~30% 정도의 수익이 남는다. 배송을 직접 할 수 있는 시간적 여유가 없기 때문에 위탁 배송이 가능한 제품들만 주로 판매하는데, 제품 공급가를 제외한 수익에서 신용카드 수수료, 세금, 그리고 가끔 하는 광고료를 제외하고 남는 금액이 순이익이다. 비용도 없지만 부가적으로 빠져나가는 항목 또한 적다.

내가 할 수 있다면, 당신도 할 수 있다

나는 쇼핑을 좋아했다. 생애주기에 따라 관심 제품은 바뀌었지만 물건을 알아보고 사는 것 자체가 즐거웠다. 20대 중반에는 액세서리에 관심이 많아 "그렇게 사 모을 거면 귀걸이 가게를 하나 차려"라고 엄마가 말씀하신 적도 있다. 공부만 해와서인지 물건을 살 때도 공부하듯이 연구하는 것을 좋아한다. 좋은 제품인지 아닌지 따져보고, 직접 사서 사용해본 후 좋으면 주변 사람들에게 추천하는 일들을 즐겼다. 이것이 여우마켓을 운영하는 데 있어 가장 필요한 능력이 될지 누가 알았겠는가. 육아용품 전문가도 교육 전문가도 아니지만 주어진 상황에 가장 적합한 제품을 찾아내는 능력, 그 능력이 여우마켓을 이끌어온 원동력이 되었다. 사실 쇼핑을 좋아하는 사람이라면 "나도 그 정도 능력은 있는데"라고 생각할 것이다. 그렇다. 나만 가진 특별한 능력이 아니라 누구나 할 수 있는 일이다.

더구나 기계치에 컴맹이라 복잡한 장비를 만지거나 사진을 편집하는 소프트웨어를 다루는 것도 잘 모른다. 심지어 사진 찍는 것도 좋아하지 않았다. 한참 인스타그램이 폭발적으로 확산될 때에도 음식을 앞에 두고 왜 사진을 찍는지 이해하지 못하는 사람 중 하나였다. 그런데 아이가 생기니 누가 시키지 않아도 여느 엄마들처럼 아이의 모습을 놓치고 싶지 않아 사진을 찍게 되었다. 처음 여우마켓을 시작했을 때와 지금 사진을 비교해보면 사진 찍는 실력이 많이 늘었다. 따로 수업을 듣거나 좋은 장비로 바꾼 것이 아니라 다른 사람들의 사진을 많이 보고 아이의 사진을 많이 찍고 편집하다 보니 자연스럽게 실력이 는 것이다.

대부분 세포마켓은 예쁜 사람, 핫플에 자주 가는 사람, 돈이 많은 사람, 유명인을 많이 아는 사람들만 하는 것으로 생각하기 쉽다. 하지만 세포마켓은 결국 공감을 기반으로 일상을 판매하는 장사다. 육아라는 새로운 과업에서 절망에 부딪친, 내 물건을 사는 건 아깝지만 아이를 위해서는 좋은 것, 새로운 것을 사주고 싶은 엄마는 어디에든 있다. 세포마켓을 통해 나는 같은 생애주기에서 같은 고민을 하는 많은 친구들을 사귀었고, 학교 밖에서 무엇인가 할 수 있다는 자신감을 얻었으며, 마음먹은 것은 이루어진다는 믿음까지 생겼다. 처음부터 '대박'이 날 거라는 생각을 버리고 조금씩 꾸준히 '나다움'을 유지하다 보면 원하던 일들이 이뤄질 것이다.

· 부딪치며 배운 여우마켓 실전 꿀팁 ·

세포마켓의 시작은 '나다움'

#시작은 작은 신뢰에서부터

세포마켓은 대개 공식적인 온라인 쇼핑몰이 없는 상태에서 시작한다. 오프라인 매장이나 온라인 쇼핑몰이 없기 때문에 유령업체처럼 느껴질 수 있어 다른 판매처보다 신뢰가 중요하다. 여우마켓은 초창기에 팔로워가 많은 세포마켓이 아니었다. 팔로워가 몇만 명 이상인 메가 인플루언서들이나 세포마켓이 가능하다고 생각했던 시기라 힘든 도전이었다. 그럼에도 불구하고 여우마켓을 시작할 수 있었던 이유는 믿어주고 신뢰하는 몇몇 사람들 덕분이다.

개인 계정으로 시작한 여우마켓은 결혼부터 출산까지 나와 함께 생애주기를 겪어온 팔로워들이 대부분이다. 꽤 긴 시간 동안 나의 취향과 관심에 공감해주고 내 삶을 지켜봐 준 사람들이었기 때문에 나를 믿고 제품을 구매한다. 그들은 내가 고민해서 선택한 제품들을 신뢰했고 판매를 시작한다고 했을 때 기꺼이 믿어주었다. 그때 나를 따라주던 사람들은 그 이후에도 지속적으로 재구매를 했고, 주변 사람들이나 친구들에게 입소문을 내주었다. 장사에 대해 전혀 모르던 샌님이 1년 반이 넘도록 장사를 할 수 있었던 것은 그들 덕분이다. 초창기에 나를 믿어주는 사람들이 없었다면 '여우마켓'은 지금까지 생존하지 못했을 것이다.

#피드에는 인플루언서의 개성이 묻어나야 한다

사람들이 보고 싶어 하는 피드를 만들기 위해서 화려한 장비나 사진작가, 포토샵 기술이 있어야 할 필요는 없다. 얼굴이 예쁘고 비싼 옷을 입고 핫플에 가는 것이 필수적이지도 않다. 피드는 인플루언서의 '개성'을 나타내주면 그걸로 충분하다.

결혼에서 출산, 그리고 공부와 육아를 병행하고 있는 지금까지 나와 함께 생애주기를 겪어온 팔로워들과 함께 여우마켓도 나도 꾸준히 성장 중이다.

'엄마도 아이도 행복한 세상'을 바라는 나의 마음이 담긴 여우마켓의 피드는 예쁜 감성 사진이 가득한 다른 피드들에 비해 시각적으로는 볼품이 없다. DSLR 카메라도 없고, 포토샵도 할 줄 모른다. 사람 많은 곳을 싫어하는 나와 아이 때문에 유명한 핫플 사진도 없다. 사진이나 영상은 핸드폰에 자주 사용하는 사진/영상 앱을 깔아두고 대부분 집에서 찍은 사진을 보정하고 편집한다. 다소 심미성은 떨어지지만 나의 의도를 전달하고 의사소통하는 데는 부족함이 없다고 생각한다. 아이가 놀고, 배우고, 커가는 모습을 포착하고 간단하게 편집해서 콘텐츠를 만든다. 여우마켓의 팔로워들은 감각적인 사진보다는 내가 쓰는 캡션을 더 좋아한다. 엄마들의 공감을 살만한 글이 함께 있는 담은 게시물이 가장 인기가 많다. 제품을 고르고, 아들과 같이 사용해보고, 설명하고, 상담하는 데는 많은 시간을 투자하지만 상대적으로 이미지를 창조하기 위해서 쓰는 시간은 적다.

평범하지 않은 공간의 미학 #언커먼하우스

@uncommonhouse, 2.5만 팔로워

가구 브랜드 '언커먼하우스'의 대표 정영은 씨는 2019년 10월 일산에 독립 쇼룸을 열었다. 브랜드를 론칭한 지 1년 만의 일이다. 언론에서 인터뷰 요청도 들어오고, 유명 인테리어 업체들에서 문의도 많이 들어온다. 최근에는 싱가포르나 중국에서 가구를 구매하고 싶다는 연락을 받기도 했다. 10년간 은행을 다니면서 생각조차 하지 않았던 일들이 현실이 되었고 그녀의 가구는 많은 사람들이 집에 설치하고 싶은 가구가 되었다.

가구를 만드는 아버지 밑에서 자란 그녀는 어려서부터 자연스레 인테리어에 관심이 갔지만 이를 직업으로 삼겠다는 생각을 한 적은 없다. 10년 동안 은행을 다니면서 본업 외 다른 일을 할 수 있을 거라는 생각도 해본 적 없다. 둘째 아이를 출산한 후 육아 휴직을 했고 아이가 생기다 보니 이사를 해야 했다. 인스타그램과 블로그에 특별할 것 없는 자연스러운 일상의 변화를 기록한 것뿐이었는데 새로 이사한 집의 인테

출처: @uncommonhouse

언커먼하우스의 대표 제품인 대물림 시스템과 사이드보드, 테이블

리어가 네이버와 '오늘의 집(인테리어를 소개하는 사이트)' 메인에 소개되었다. 이후 인스타그램 팔로워가 많아지면서 제품 관련 문의가 폭주하기 시작했다. 특히 사용했던 인테리어 소품 문의가 많이 들어와 '인테리어 소품을 판매해볼까'라는 생각이 처음 들었다. 육아 휴직 중이었기에 취미 삼아 러그나 소품 등을 사입해서 판매를 시작했다. 오랜만에 느껴보는 설레는 일이었다. 육아 휴직을 끝내고 복직을 해야 했지만 이 일을

멈출 수 없었다.

집을 꾸미면서 아쉬웠던 점은 한국의 아파트 문화에 맞는 선반이 별로 없다는 것이었다. 주로 외국 사이트에서 해외 구매를 하거나 이것도 어려우면 지레 포기하는 경우가 대부분이다. 그녀도 그런 사람 중 하나였다. 때마침 인테리어 소품을 판매하면서 점점 재미를 느끼던 차였기에 직접 가구를 만들어보기로 했다. 평생 원목 가구를 만드신 아버지의 도움으로 한국의 아파트 문화에 맞게 설치할 수 있는 선반을 만들었다. 이것이 언커먼하우스의 대표 제품인 대물림 시스템(벽 선반)의 시작이다.

브랜드를 론칭하고 1년 동안 인스타그램에서 제품을 홍보하고 스마트 스토어를 통해 판매했다. 언커먼하우스만의 감성이 느껴지도록 제품의 디자인은 직접 스케치하고 시제품 제작은 아버지가 만드는 형식으로 운영했다. 복직 후 몇 개월 동안은 낮에는 은행 일, 밤에는 가구 일을 해오다가 남편의 응원에 힘입어 10년간 다니던 은행을 퇴사했다. 퇴사 후 본격적으로 가구 일에 집중할 수 있었다. 2018년 12월, 브랜드 론칭 후 6개월쯤 되었을 때부터 직접 가구를 보고 싶다는 사람들의 요청이 많아져 쇼룸이 필요했지만 덥석 만들기에는 부담스러운 일이었다. 그러던 어느 날 업무차 들른 파주에서 우연히 마음에 드는 꽃집을 발견하고 무작정 들어가 숍인숍(매장 안에 매장이 있는 것) 형태로 언커먼하우스의 가구를 보여줘도 되겠느냐고 물었다. 뜬금없는 제안이었는데도 흔쾌히 허락해준 덕분에 큰돈을 들이지 않고 쇼룸이 생겼다. 시작부터 비용적으로 부담이 되면 임대료 때문에 소신을 굽혀야 하거나 남들

눈에 보여주기 위해 내가 원하는 것을 하기 어렵다는 게 그녀의 생각이다. 많은 사람들이 비싼 상가에 무리하게 입점하는 것과는 다른 행보다. 현재는 식탁, 사이드보드 등 다양한 가구를 선보이며 서서히 제품 라인을 확장 중이지만 처음 시작했던 러그나 램프 판매도 여전히 하고 있다.

물론 모든 일이 술술 풀리기만 한 건 아니다. 아이 둘을 키우면서 좋아하는 일을 한다는 건 감사한 일이지만 '내 사업'이기 때문에 하나부터 열까지 챙겨야 하는 일이 더 많았다. 사입을 해서 판매를 할 때도 신경이 많이 쓰였지만, 본인의 얼굴과 20년간 가구를 만들어오신 아버지의 명예를 걸고 브랜드를 만드는 일은 더욱 부담이 되었다. 회사에 다닐 때는 주어진 일이나 누군가 시키는 일만 했는데 매일 주도적으로 살아야 하니 더 바쁘다. 더구나 쉽게 사라지는 세포마켓들을 지켜보며 장기적인 성장을 위해 무엇을 해야 할지 늘 고민한다.

인스타그램에서 세포마켓을 한다고 하면 '사진 한 장'으로 큰돈을 번다고 생각한다. 하지만 인스타그램 세포마켓에서 이미지는 마케팅 혹은 홍보를 위해 만들어진 하나의 콘텐츠일 뿐 그 이면에는 밤낮으로 디자인, 판매, 고객상담, 홍보, 마케팅까지 혼자 책임지고 있는 1인 사장이 존재한다. 처음 제품을 사입해 판매를 시작한 것까지는 쉬울 수 있지만 이를 유지하고 키우는 일은 여느 사업과 똑같이 만만치 않다. 특히 트렌드에 민감하고 이미지를 통해 소통하는 인스타그램에서는 사람들이 선호하는 이미지가 유행에 따라 수시로 바뀌기 때문에 그때마다 유행에 흔들리면 장기적으로 살아남기 어렵다. 처음 브랜드를 만들었을 때 자신이 가진 색깔을 유지하며 소신을 잃지 않도록 끊임없이 노력해야 한다고 그녀는 말한다.

지금의 언커먼하우스는 좋아하는 인테리어 관련 콘텐츠를 꾸준히 공유하고 나누었던 일에서 시작되었다. 그녀는 관심 있는 것 한 가지만이라도 집중해 나누고 공유하기 시작하면 그것이 예상치 못한 새로운 일의 밑거름이 될 거라고 믿는다. 가구 디자인을 배우지 않았지만, 관심과 열정만으로 브랜드를 출시한 자신처럼 많은 엄마들에게 출산과 육아로 불투명한 미래를 걱정하기보다는 뭐라도 시작해보라고 조언한다. 회사에 다닐 때와 다르게 매일 새벽 늦게까지 일하기도 하고 주말을 반납해야 하는 일도 종종 있지만 지금 이 순간 그 어느 때보다 내일이 기대된다. 그녀는 앞으로 언커먼하우스의 가구들이 가득한 코워킹 스페이스(공유 사무실)도 만들고 싶고, 수출에도 도전하고 싶다. 세포마켓을 통해 배운 게 있다면 꿈꾸는 것들이 이루어질 수 있다는 것이다.

CHAPTER 2

인스타그램 어디까지 아시나요?

인스타그램
세포마켓을 위한 첫걸음

인스타그램은 진화하고 있다. 최초에 한 장의 사진을 공유하기 위해 만들어졌던 이 플랫폼은 10여 년 동안 다양한 서비스와 기능을 업그레이드하며 수많은 소비자와 판매자에게 없어서는 안 될 필수 SNS가 되었다. 페이스북은 SNS 시장에서 가장 큰 기업으로 매년 페이스북 개발자 회의를 통해 인스타그램의 새로운 기능들을 발표한다. 2019년 발표 내용 가운데 가장 주목을 끈 것은 인스타그램 피드(사진이나 영상을 올리는 사용자 공간)의 '좋아요' 수를 보이지 않게 하는 기능을 테스트 중이라는 것이다. 숫자로 보여지는 '좋아요'로 인한 사람들의 심리적 압박을 줄이고 진정으로 즐길 수 있는 콘텐츠를 공유하기 위한 변화라고 설명했다. 상업적 용도로 인스타그램을 사용하는 사람들의 우려스러운 목소리도 있지만, 일반 사용자들의 심리적 부담감을 줄이고자 하는 취지다. 현재는 전 세계 사용자 중 일부만 랜덤으로 이 기능을 사용 중이다.

그 외에도 스토리에 기부를 할 수 있게 해주는 스티커를 추가하고, 기존의 비즈니스 계정과는 다른 '크리에이터 계정'을 새롭게 만들고, 인스타그램 내에서 바로 구매할 수 있게 쇼핑 기능을 업데이트할 예정이다. 또한 스노우, 스냅챗 등에서 인기가 많은 ARAugemented Reality(증강현실)을 이용한 사진 필터를 사용자들이 직접 만들 수 있게 될 것으로 보인다. 끊임없이 진화하는 플랫폼을 이용한 사업에서 생존하려면 플랫폼에 대한 이해가 한발 앞서야 한다.

세포마켓이 꼭 알아야 할 인스타그램 기본 정보

인스타그램의 기본은 이미지다. 영상 콘텐츠를 공유할 수 있는 방식들이 계속 업그레이드되고 있지만, 전통적으로 사진에 기반한 SNS로 여전히 전체적인 피드의 느낌은 사진이 많이 좌우한다. 그러므로 사진은 피드의 전체적인 분위기와 심미성을 따져서 올려야 한다. 인스타그램 내에 있는 사진 편집 기능(밝기, 온도, 구조 등)이나 필터를 사용할 수도 있고, 외부 앱을 이용해 편집 후 올려도 된다. 다양한 무료/유료 앱(라이트룸, VSCO, 유라이크, 스노우, 스냅시드 등)들이 있으므로 계정의 특성을 고려하여 색감이나 분위기를 조정하면 된다. 사진보다 캡션(사진 아래 들어가는 설명)이 더 중요한 계정도 있고, 꼭 예쁜 사진만 관심을 받는 것은 아니지만 이미 팔로워가 일정 수준 이상 오른 계정이 아니라면 퀄리티 낮은 사진이나 영상은 사용자의 관심을 끌 확률이 낮다. 더구나 인스타그램 알고리즘(2장의 '인스타그램의 눈덩이 효과'에서 보다 자세히 설명하겠다)

이 그런 사진을 선호하지 않기 때문에 이를 무시할 수 없다.

인스타그램 기능 중 최근 가장 인기가 많은 기능은 '스토리'다. 스토리는 사용자들이 짤막하게 남길 수 있는 영상이나 사진으로 뉴스피드 news feed(팔로잉하는 사람들의 콘텐츠를 볼 수 있는 인스타그램 메인 화면) 상단에 나타난다. 영상은 15초까지, 사진은 10초까지 볼 수 있다. 본 피드에는 포함되지 않지만, 뉴스피드 상단에 표시되고 스토리들이 연결되어 보이기 때문에 팔로워들에게 쉽게 노출된다. 인스타그램이 만들어질 당시 추구했던 '날것 그대로의 순간 포착'을 스토리를 통해 실현시켰다. 24시간 후에 삭제되고 본 피드에는 나타나지 않아 피드와 어우러지는 심미성을 고려해 올리지 않아도 되고, 24시간 뒤에도 보이길 원한다면 프로필 상단에서 확인할 수 있는 '하이라이트'로 저장하면 된다. 이는 이모티콘, AR 필터를 이용한 사진 찍기, 부메랑이라는 움짤(움직이는 사진) 기능뿐만 아니라 설문, 카운트다운, 퀴즈 등 다양한 스티커를 사진에 추가할 수 있어 참여형 콘텐츠로도 이용 가능하다. 스토리는 이를 본 총인원을 알 수 있고, 스토리를 보고 계정 주인에게 DM Direct Message(인스타그램 내에서 사용자들끼리 개인 메시지를 보내는 기능)을 보낼 수도 있다.

인스타그램은 이메일 주소만 있으면 계정을 만들 수 있기 때문에 여러 계정을 소유할 수 있다. 계정 종류는 개인 계정과 프로페셔널 계정 두 가지로 나뉘어 있지만 개인 계정을 프로페셔널 계정으로 바꿀 수 있다. 두 계정 모두 사진이나 영상을 올리는 기본적인 기능은 같지만, 인스타그램을 상업적으로 이용하기에는 프로페셔널 계정이 더 편리하다.

① 인스타그램 기본 화면

1 스토리 올리기
2 DM(개인 메시지)
3 팔로워들의 스토리 공간
4 뉴스피드 공간(팔로워들의 피드 모음)
5 홈 화면('뉴스피드'를 볼 수 있는 곳)
6 돋보기(검색과 탐색)
7 업로드 하기(사진 및 영상 올리기)
8 좋아요('좋아요', 댓글 등 피드 관련 활동 확인)
9 내 피드 보기

⑥번 검색과 탐색 화면에서 관심 있을만한 추천 콘텐츠를 보여준다.

② 프로페셔널 계정으로 전환하기

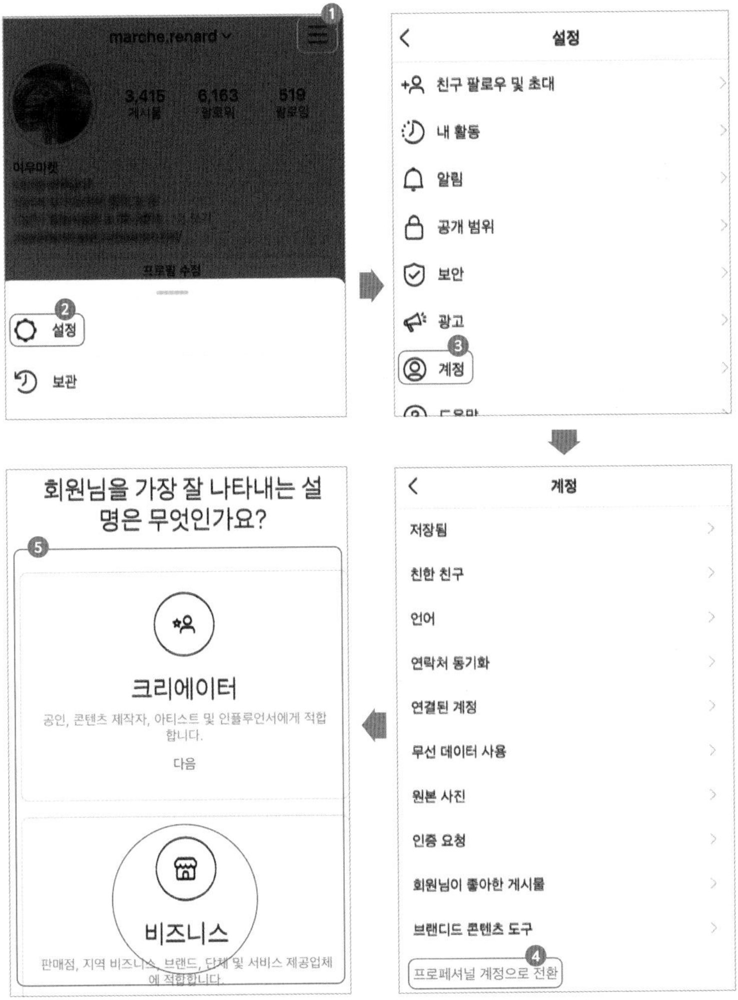

프로페셔널 계정에서 크리에이터와 비즈니스 중 판매를 목적으로 하는 '비즈니스'를 선택하면 된다.

③ 프로페셔널 계정 기본 화면

1	단일 URL	모든 인스타그램 계정은 1개의 URL만 프로필에 기재할 수 있어 랜딩 페이지를 이용해 진행 중인 여러 판매 제품과 관련된 링크를 올릴 수 있다. 랜딩 페이지는 프로필에 있는 단일 URL(①번)에 기재하면 된다.
2	하이라이트	
3	내 피드	
4	내 IGTV	
5	나를 태그한 게시물	
6	랜딩 페이지 예시	

④ 프로페셔널 계정에서 홍보하기

페이스북에 비즈니스 페이지를 만들면 원하는 금액을 지불하고 광고를 만들 수 있다. 광고가 게시되면 '인사이트'를 통해 광고가 얼마나 효과적인지 실시간으로 확인 가능하다. 광고를 게시하면 계정 이름 아래 '스폰서드(sponsored)'라는 글자가 들어간 채로 게시물이 사용자들의 뉴스피드에 나타난다. 인스타그램 광고는 사용자들의 검색, 팔로우, 활동 등을 고려해서 관심을 가질만한 사용자들의 피드에 나타나도록 프로그램이 짜여 있다. 홈페이지 URL 혹은 인스타그램 프로필로 방문을 유도할 수 있다.

⑤ 프로페셔널 계정의 인사이트

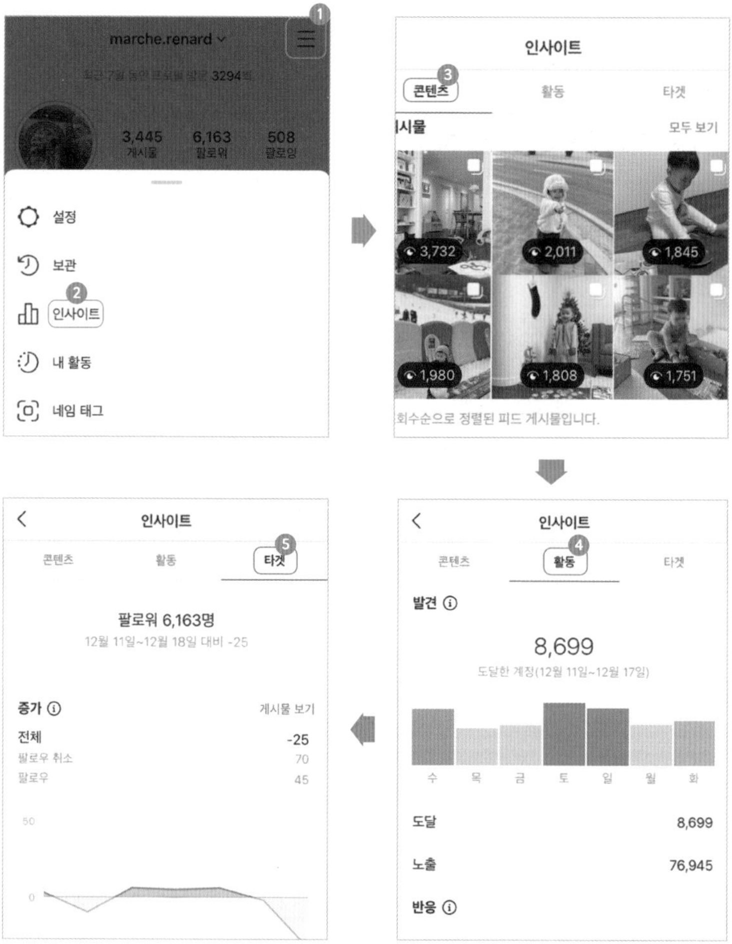

프로페셔널 계정으로 전환하면 계정 추이를 분석해주는 인사이트를 볼 수 있다. 인사이트는 '콘텐츠, 활동, 타깃'으로 나눠져 있고 이를 통해 어떤 게시물이 인기가 많고, 많이 공유됐는지, 도달률이 어떤지 등을 파악할 수 있다. 일종의 시장조사라고 할 수 있다.

⑥ 게시물에서 인사이트 확인하기

1 좋아요 수
2 댓글 수
3 다른 사용자에게 DM으로 공유한 횟수
4 저장한 횟수
5 해당 게시물을 통해 프로필에 방문한 사용자 수
6 해당 게시물을 본 사용자 수

프로페셔널(비즈니스 혹은 크리에이터) 계정으로 전환하면 각 포스트에 대한 '좋아요', '공유하기', '저장하기' 등의 추이를 분석해주는 '인사이트'를 볼 수 있다. 또한 유료 광고도 집행할 수 있는데 적게는 5천 원부터 몇십만 원에 이르기까지 다양한 가격대로 진행이 가능하다. 광고를 하게 되면 사용자들의 뉴스피드에 '스폰서드sponsored'라는 태그가 달린 채로 다른 게시물들 사이에 나타나게 된다. 광고는 인스타그램 알고리즘을 통해 광고한 제품에 관심이 있을만한 사용자들에게만 보이기 때문에 무조건 광고를 하는 것보다는 잠재 고객들에게 매력적인 게시물인지 먼저 점검하는 것이 중요하다. 최근에는 페이스북 숍과 연동하여 인스타그램 사진에 제품 태그를 달 수 있는 기능도 생겼다. 제품 태그를 누르면 제품의 가격이 나타나고 외부 쇼핑몰로 연동된다. 하지만 개인 계정으로도 작은 규모의 세포마켓을 운영하는 데 큰 불편함은 없어 프로페셔널 계정으로 전환하지 않고 세포마켓을 운영하는 사람들도 많다.

게시물 알림 설정 시 피드 노출 용이
(설정하는 법: ❶ → ❷)

모든 인스타그램 계정은 웹페이지, 블로그, 결제 페이지 등 외부 링크를 한 개만 연결할 수 있다. 최근에는 이를 불편해 하는 사용자들을 위해 여러 개의 링크를 넣을 수 있는 랜딩 페이지('멀티 플랫폼 활용하기' 참고)를 무료로 만들 수 있는 서비스도 생겼다. 또한 팔로워들의 게시물이 올라올 때마다 알림을 받을 수 있는 기능은 피드 노출에 가장 유용하므로 세포마켓을 팔로잉하는 많은 사람들이 세포마켓의 알림을 받도록 유도하는 것이 좋다. 그 외 오피셜 계정(브랜드나 기업에서 운영하는 공식 계정)을 따로 운영하고자 한다면 두 개의 계정을 만들어서 필요에 따라 전환하는 것이 가능하다.

왜 태그가 중요한가

태그tag란 사전적으로 '사물이나 사람에 라벨을 붙이는 것'이지만 SNS가 발달한 이후에는 사람이나 장소, 혹은 사물을 사진이나 영상에 링크시키는 것을 말한다. 해시태그는 일종의 메타데이터metadata(다른 데이터를 설명해주는 데이터) 태그로 사용자들이 SNS상에서 특정한 테마나 콘텐츠를 찾을 수 있도록 분류해주는 역할을 한다. 게시물에 사람, 장소, 사물, 브랜드 등을 태그나 해시태그 하면 자연스럽게 검색 결과에 나타나고, 태그된 게시물이나 계정으로 이동할 수 있으며, 태그를 당한 사람에게 알림도 간다. 인스타그램은 본질적으로 '연결과 소통'을 위해 만들어진 SNS이기 때문에 사람, 장소, 사물과 연결이 많이 된 게시물일수록 알고리즘에서 선호한다.

새로 생긴 카페에서 친구와 찍은 사진이나 영상을 올린다고 가정해

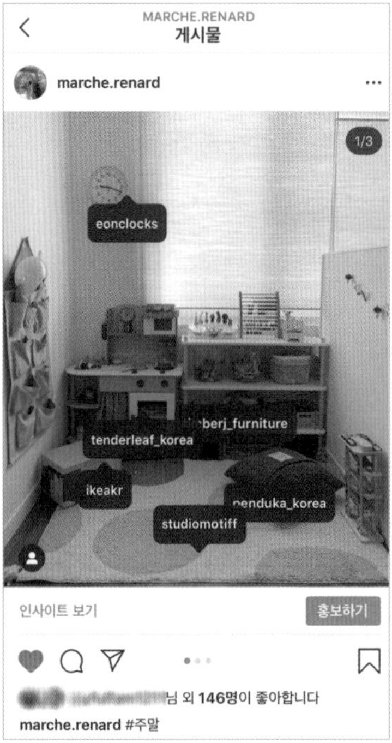

여러 태그가 달릴수록 피드 노출 용이

보자. 가장 먼저 어느 지역 혹은 어느 카페인지 장소를 태그할 수 있고 사진을 같이 찍은 친구도 태그가 가능하다. 그날 입고 갔던 옷과 들고 있던 가방도 브랜드 계정이나 구매한 세포마켓이 있다면 태그할 수 있다. 태그된 내용을 누르면 관련 계정으로 연결된다. 이런 방식으로 인스타그램에서는 정보와 사용자들을 연결해준다. 다른 사용자들이 '검색과 탐색' 화면에서 해시태그를 검색하면 검색한 해시태그가 달린 모든 게시물이 검색 결과에 나타나기 때문에 올리는 게시물과 연관 있는 여러 해시태그를 많이 달면 좋다. 해시태그는 텍스트를 쓰는 칸이나 댓글에 달 수 있다.

인스타그램 세포마켓 운영자라면 이러한 태그와 해시태그 기능을 효율적으로 이용해야 잠재 고객들에게 도달할 가능성이 커진다. 상대적으로 팔로워가 많은 사람이 나를 태그해주거나, 인기가 많은 장소를 태그하거나, 도달하고자 하는 사용자들이 많이 검색하는 해시태그를 이용하면 눈에 띌 확률이 높아진다. 해시태그를 검색하면 '인기 게시물'

과 '최신 게시물' 화면이 구분되어 나오는데, 이때 인기 게시물에 속해야 새로운 사용자들이 유입될 가능성이 높다. 인스타그램은 게시물이 끊임없이 올라오기 때문에 최신 게시물에서는 금세 사라질 수 있지만, 인기 게시물이 되면 오랜 시간 첫 페이지를 차지할 수 있다. 인기 게시물이 되는 방법에는 여러 가설이 있지만, 가장 확실한 것은 해당 해시태그를 게재한 콘텐츠들 중 가장 많은 '관심'을 받은 게시물이 오른다는 것이다. 짧은 시간 안에 '좋아요', 댓글, 공유, 저장 등에서 사용자들에게 많은 관심을 받은 게시물이어야 한다.

쉐도우밴의 악몽

간혹 검색을 통해 잠재 고객을 유입하려고 무조건 인기 있는 해시태그를 많이 달거나 연관성 없는 해시태그를 다는 경우가 있는데, 어차피 해시태그를 검색했을 때 인기 게시물에 들지 못하면 눈에 띄지 못할뿐더러 인스타그램이 이렇게 행동하는 사용자들에게 페널티를 가한다. 이럴 경우 인스타그램 해시태그 누락이라는 '쉐도우밴shadow ban'이 내려진다는 것은 공공연한 사실이다. 쉐도우밴이란 인스타그램에서 해당 사용자를 투명인간 취급하는 것을 말한다. 쉐도우밴에 걸리면 해시태그를 자체적으로 생성할 수 없고 검색 결과에도 나타나지 않아 새로운 사용자가 검색이나 탐색을 통해 세포마켓에 유입될 가능성이 사라지게 된다. 가게의 영업정지처럼 세포마켓이나 브랜드 운영자에게는 치명적이다. 어떤 행동을 하면 쉐도우밴에 걸리는지에 대한 정확한 정보는 없지만, 인스타그램 사용자 가이드라인을 통해 짐작할 수 있다. 인스타그램에서 장려하는 사용 행태, 즉 자연스러운 소통에 참여하지 않는 사람들이 표적이 된다. 최근 인스타그램은 로봇과 사람을 구별하고 돈을 받고 매크로(반복 작업을 자동화하는 컴퓨터 프로그램)를 돌리거나 소프트웨어를 사용하는 업체들을 규제하는 데 총력을 기울이고 있다. 만약 쉐도우밴에 걸리면 기존 게시물들 중 최근 게시물에 작성한 해시태그를 전부 삭제하고 활동을 최소화하는 것이 좋다. 몇 주간 로그아웃하는 것도 방법이다. 쉐도우밴에 걸리는 몇 가지 대표적인 이유는 다음과 같다.

쉐도우밴에 걸리는 경우

- 스팸성 해시태그를 사용하거나 반복해서 같은 해시태그를 복사하여 붙여 넣는 경우
- 외부 업체를 통해 유령 팔로워와 '좋아요'를 구매하는 경우
- 스팸성 게시물이 자주 올라와 신고를 당하는 경우
- 외부 프로그램 등을 이용해 자동으로 '좋아요'나 '댓글' 등의 활동을 하는 경우
- 게시물을 연달아서 지나치게 많이 올리는 경우

쉐도우밴에 걸렸을 경우

- '좋아요', 댓글, 팔로우 등의 활동을 무분별하지 않은 수준에서 꾸준히 한다.

- 게시물을 3~4시간 간격으로 하루에 1~3개 정도 올린다.
- 게시물과 연관 있는 해시태그만 적절하게 작성해 올린다. (인스타그램은 30개까지 해시태그 작성이 가능하나 많은 전문가들이 10개 이하로 사용하는 것을 추천한다.)
- 외부 업체를 통해서 진행하는 가짜 '좋아요', 팔로우 작업을 최소화한다.

이외에도 댓글이나 '좋아요'를 무분별하게 달면 한동안 댓글이나 '좋아요'를 누르지 못하는 페널티가 내려지기도 한다. 따라서 페널티에 걸리지 않기 위해서는 인스타그램 가이드라인에 맞게 자연스러운 소통을 하는 사용자가 되는 것이 중요하다.

정기적으로 방문을 유도하는 피드 만들기

인스타그램은 전체 사용자의 50%(약 5억 명)가 매일 접속하는 일상적인 SNS다. '틈'나는 시간이면 인스타그램에 습관적으로 접속하는 사람들이 많다. 요즘은 개인 일상뿐만 아니라 사연이나 이슈, 뉴스 등 다양한 정보 콘텐츠들도 많이 생겨나 인스타그램을 통해 세상을 읽기도 한다. 이렇게 많은 사용자들이 매일 접속한다는 것은 콘텐츠를 소비하는 관중이 많다는 것을 뜻하는 동시에 올라오는 콘텐츠의 양도 많고 다양하다는 것을 의미한다. 콘텐츠의 홍수 속에서 살아남기 위해서는 인스타그램 특성에 맞게 피드를 효율적으로 올리는 계획을 세워야 세포마켓을 운영하는 데 유리하다.

● 전체 사용자 중 연령대별 인스타그램 하루 이용 비율

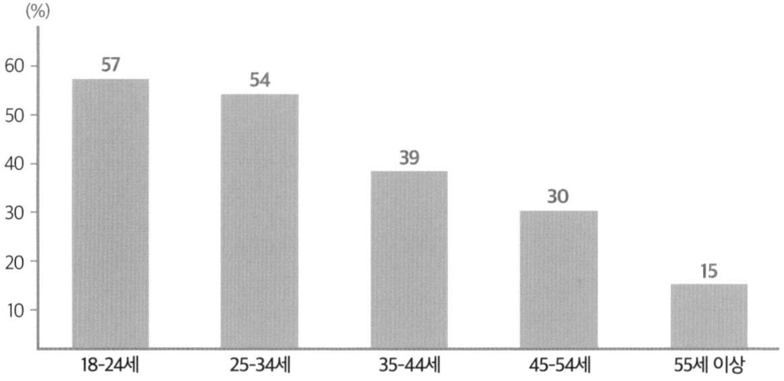

자료: 〈인스타그램 비즈니스 플랫폼으로의 도약〉 보고서, 인스타그램, 2019 재구성

첫 번째로 인스타그램 피드의 기본은 게시물이 '흘러간다'는 것이다. 사용자들은 팔로우하는 사람들의 게시물을 뉴스피드에서 스크롤 해서 보고 자연스럽게 '인친(인스타그램 친구)'의 피드에 방문한다. 이것이 인스타그램 사용자들의 기본 습성이다. 최신 게시물만 뉴스피드에 뜨기 때문에 올라오는 피드가 많아지면 이전 게시물들은 금방 묻히게 된다. 게시물의 수명이 그만큼 짧아질 수밖에 없다. 더구나 원하는 대로 게시물을 정렬하거나 분류할 수 없어 오래된 게시물은 찾기도 어렵다. 제품을 홍보할 때는 이런 인스타그램 운영 방식으로 인해 최신의 콘텐츠를 그날그날 소비할 수밖에 없는 사용자들의 특성을 고려해야 한다.

두 번째는 많은 사용자들이 필요한 정보를 찾기 위해 인스타그램을 검색하고, 아는 사람의 피드를 통해 새로운 사용자를 발견하기도 한다. 하지만 필요한 콘텐츠만 보고 팔로우하지 않는 사람들은 일회성에 가

깝기 때문에 정기적으로 피드를 방문할 확률이 낮다. 지속적인 방문을 유도하려면 우연한 검색이나 태그로 들어온 사용자들이 게시물들을 보고 유용하다고 판단되는 피드를 만들어야 한다. 검색에 걸리기 위해 자극적이거나 전체 피드와 관련 없는 게시물을 올리는 것은 순간적인 일회성 방문은 늘릴 수 있지만 장기적으로는 도움이 되지 않는다.

따라서 인스타그램에서 세포마켓을 운영하고자 한다면 팔로워들이 매일 피드에 방문하도록 유도하는 것이 중요하다. 한꺼번에 많은 제품을 소개하면 팔로워들이 정보를 잘 읽지 않을뿐더러 매일 피드를 방문해야 하는 필요성이 줄어들기 때문에 제품의 출시일이나 판매일을 공유하고 정해진 시간에 하나의 제품 혹은 카테고리를 오픈하는 방식으로 운영하는 게 좋다. 이렇게 정해진 날짜와 시간에 세포마켓을 오픈하고 판매 기간이나 수량에 제한을 두면 제품을 언제 다시 판매하는지 확인하기 위해 정기적으로 피드에 방문하게 된다. 다시 말해 적은 양의 상품만을 한시적으로 판매하는 것이 마케팅과 홍보에 더 효과적이다. 첫 오픈 시 가격할인이나 무료배송 등 추가 혜택을 주는 것도 좋은 방법이다. 제품 판매뿐 아니라 팔로워들이 흥미 있어 할만한 이야기나 정보도 공유해야 한다. 심미적으로 예쁜 사진이나 핫플일 필요는 없지만, 제품을 구매할 때가 아니더라도 놀러 오고 싶은 피드를 만들어야 잠재 고객들을 놓치지 않을 수 있다. 흘러가는 피드들이 유용해야 팔로워들이 피드에 관심을 갖게 될 것이고, 그렇게 자주 방문하다 보면 구매하고 싶은 제품이 눈에 띄어 판매로 이어질 것이다.

사진에서 영상으로, 인스타그램의 진화

인스타그램은 SNS 사용 행태에 대한 정보가 완벽하게 쌓이기 전인 2010년에 처음 나왔다. 아이폰이 출시된 지 불과 3년밖에 안 된 시기로 SNS의 발전 가능성에 대해 누구도 예상할 수 없었다. 초기 인스타그램은 한 장의 사진으로 소통한다는 것이 핵심이었다. 여러 장의 사진을 올리거나 많은 캡션을 쓸 수 있는 페이스북이나 영상으로 소통하는 유튜브와는 다른 방식의 SNS라고 홍보했다. 스마트폰의 대중화로 여러 종류의 SNS들이 우후죽순 생겨나던 시기에 '이미지'로 승부를 보겠다는 전략이었다. 시간이 흐르면서 많은 SNS가 생겼다 없어졌고 그런 흐름 속에서 10여 년의 시간 동안 페이스북, 유튜브 그리고 인스타그램은 각자의 특성을 기반으로 다양한 서비스를 제공하는 대표적인 SNS로 자리 잡았다.

인스타그램은 태생부터 '관심에 기반한 소통'이 본질이었기 때문에 이를 장려할만한 다양한 서비스들을 제공하고 있다. 인스타그램은 현재 사용자의 요구에 따라 많은 양의 사진을 한 번에 올리고, 텍스트를 자유롭게 편집하며, 영상까지 올릴 수 있는 SNS가 되었다. 영상은 60초까지 올릴 수 있다. 최근에는 밀레니얼 세대의 디지털 기기 사용 습성에 따라 더욱 영상 친화적인 SNS가 되기 위해 노력하고 있다.

이제는 라방이다

콘텐츠 마케팅 또한 사진에서 영상으로 확장하고 있다. 인스타그램에서 영상은 사진보다 36% 이상의 인게이지먼트engagement를 끌어내는 것으로 알려져 있다.[1] 인게이지먼트는 댓글, '좋아요', 공유, 저장, DM 등 사용자들의 다양한 참여를 종합한 지표다. 요즘 SNS에서 '전후 영상', '사용 후기 영상' 등 영상으로 광고를 하는 것만 봐도 영상 소비가 얼마나 높은지 알 수 있다. 영상 콘텐츠에 관한 관심이 늘면서 인기가 많아진 기능이 '라방(라이브 방송)'이다. 한국의 아프리카 TV와 유사한 포맷으로 실시간 방송을 하면서 시청자들과 댓글로 소통이 가능하다. 차이점은 시청자가 방송하는 사람에게 금전적 보상을 줄 수 없다. 2명 이상의 사용자가 공동으로 방송할 수도 있고, 방송을 저장하면 24시간 동안 재방도 가능하다. 방송을 저장하면 스토리와 마찬가지로 프로필 사진에 방송이 저장되었다는 표시가 나타나지만, 따로 저장하지 않으면 방송이 끝난 직후 사라진다. 라방을 하고 있으면 뉴스피드 스토리 중에서도 가장 첫 번째로 위치가 옮겨지고 팔로워들에게 라방이 곧 시작된다거나 라방 중이라는 메시지가 보내지기 때문에 팔로워들의 참여를 유도하기 쉽다. 원하는 경우 방송을 하면서 사람들을 초대할 수도 있다. 세포마켓 운영자에게 라방은 잠재 고객들과 실시간으로 만날 수 있는 시간이며, 고객들에게 친밀함을 준다. 효율적으로 활용하면 피드에 올리는 사진이나 영상보다 더 큰 효과를 볼 수 있기 때문에 SNS 마케팅 전문가들은 라방 활용을 적극적으로 장려하고 있다.

다양한 유아용품을 판매하는 **마이리틀타이거**(@mylitteltiger_official, 4.7만)의 경우 라방을 통해서 할인 가격으로 제품을 구매할 수 있는 '비밀 정보'를 공유하고 있다. 피드에는 공개되지 않은 정보를 라방에서만 공유함으로써 라방 시청을 장려하고 참여를 유도하는 것이다. 뷰티 브랜드 '오하이오후'를 운영하는 **고밤비**(@go_bambi, 16.6만) 역시 라방을 자주 한다. 화장품이 출시되기 전에 사용법을 알려주기도 하고 고객들의 궁금증에 실시간으로 답해주기도 한다. 라방을 저장해서 생방송을 보지 못한 고객들에게도 정보를 공유하고 라방 영상을 편집하거나 캡처해서 메인 피드에 올리기도 한다. 그 외에도 다양한 의류 판매자들이 라방을 통해 옷을 직접 입어보며 고객들의 궁금증을 해결해주고 있다.

IGTV로 뭘 할 수 있을까

최근 인스타그램에 새롭게 추가된 영상 기능은 IGTV다. '인스타그램판 유튜브'라고 할 수 있다. 인스타그램 내에서 시청이 가능하지만, 독립적인 앱을 통해서도 이용이 가능하다. 인스타그램은 IGTV를 만들면서 유튜브와 대적할만한 독립 서비스를 만드는 것이 목표였기 때문에 처음부터 별도 서비스로 만들었다(별도의 앱과 이름이 있는 이유다). 기존 피드와 분리된 별도의 장편 영상 채널로 팔로워 수에 따라 최대 60분까지 영상 공유가 가능하다. 인스타그램의 최고경영자인 케빈 시스트롬은 "IGTV는 동영상 크리에이터들이 생존할 수 있는 터전이 될 것이다"라고 밝혔다. 유튜브와 가장 큰 차이점은 스마트폰 촬영에 특화된 세로 영상vertical video에 기반한 플랫폼이라는 것인데, 인스타그램은 '스마트폰으로 촬영이 가능한 세로 영상이 영상의 미래'가 될 거라고 했다.

출처: Instagram

▽ 인스타그램 영상 기능 IGTV

하지만 인스타그램의 기대와는 달리 IGTV는 서비스 초반 인기를 끌지 못했다. 가장 큰 원인은 인스타그램의 본 피드와 연관성이 없다는 것이다. 인스타그램 내에서는 첫 화면 오른쪽 위쪽의 TV 모양의 아이콘을 눌러야만 IGTV로 이동할 수 있었는데(지금은 아이콘을 없앴다), 대개의 사용자들이 인스타그램에 접속해서 피드를 스크롤하면서 팔로잉하는 계정들의 정보를 받는다고 가정했을 때, IGTV에 자연스럽게 노출될 수 있는 방법이 전혀 없었다. 결국 IGTV는 필요한 사람들이 아이콘을 직접 누르거나 IGTV 앱을 이용해서 사용해야 하는데, 그런 수고를 할 만큼 매력적인 콘텐츠가 부족하다.

① 영상 콘텐츠: 라이브 방송

1 스토리에 공유 또는 동영상 삭제
2 저장된 라이브 방송
3 라이브 방송 중인 팔로워

라이브 방송은 종료 후 저장이 가능하고, 저장된 방송은 24시간 동안 볼 수 있다.

② 영상 콘텐츠: IGTV

1 탐색 화면에서 IGTV로 연결
2 탐색 화면에 보이는 IGTV 게시물 미리보기
3 IGTV 기본 화면

또한 이미 장비와 스튜디오 시설을 갖추고 있는 유튜브 크리에이터들은 주로 가로 영상landscape video을 사용하기 때문에 유튜버들이 만든 영상을 IGTV에 올리려면 이를 세로 영상으로 따로 편집해야 하는 불편함이 있다. 더구나 IGTV는 유튜브와는 달리 광고 수익이 발생하지 않기 때문에 유튜버처럼 고품질의 영상을 만드는 사람들을 유인하지 못해 많은 사용자들을 끌어들이는 데 실패했다. 이렇게 IGTV는 잊히는 기능이 되는 듯했지만 인스타그램은 IGTV를 쉽게 포기하지 않을 것으로 보인다. 최근에는 IGTV 영상을 올리면 피드에 1분짜리 미리보기 영상을 보여줄 수 있게 만들어 사용자들이 메인 피드에서 자연스럽게 IGTV로 넘어갈 수 있도록 했다. '검색과 탐색' 화면에서 IGTV 영상을 볼 수 있도록 아이콘을 만들고 추천 영상에서도 IGTV 영상들이 올라온다. 또한 가로 영상도 가능하도록 기능을 수정해 유튜브에서 활동하는 크리에이터들이 같은 영상을 두 가지 플랫폼 모두에 손쉽게 올릴 수 있게 되었다.

그럼에도 불구하고 인스타그램은 유튜브처럼 광고 수익을 기반으로 하는 플랫폼이 아니기 때문에 많은 노력을 들여 영상을 만든다고 해도 영상 자체만으로는 수익을 내기가 사실상 불가능하다. 여전히 유튜브 크리에이터들이 선호할만한 플랫폼은 아니다. 오히려 크리에이터가 아닌 큐레이터, 즉 세포마켓 운영자에게 도움이 되는 기능이다. 판매 제품에 대한 상세 설명을 블로그나 게시물을 통해 전달하기도 하지만 영상으로 전하면 더 많은 사람들이 관심을 가지고 볼 수 있기 때문이다. 라방을 통해서도 가능한 부분이지만 라방은 팔로워들이 시청할만한 시간에 맞춰 진행해야만 보는 사람들이 많아지는 것에 비해 IGTV는 촬영 후 올리는 것이기 때문에 시간 제약이 적고 편집도 가능하다. 라방처럼 실시간 소통은 안 되지만 피드와 마찬가지로 콘텐츠와 댓글 모두 오랫동안 보존이 가능하고 올린 영상은 언제든 시청할 수 있다. 세포마켓 운영자 입장에서는 IGTV와 라방을 함께 사용하면 인스타그램이 제공하는 영상 기능의 효과를 극대화할 수 있을 것이다.

최근 '호야토야샵'이라는 이름으로 세포마켓을 시작한 연예인 **변정수 씨**(@hoyatoya, 27.4만)는 IGTV를 적극적으로 활용한다. 아침 메이크업하는 법, 머리하는 법, 간단한 운동법 등 다양한 정보를 IGTV로 공유하고 있다. 인스타그램을 주로 사용하는 20~30대 여성들에게는 영상으로 정보를 얻을 수 있는 유튜브의 대체재 역할을 하고 있다.

멀티 플랫폼 활용하기

인스타그램을 기반으로 한 세포마켓은 필연적으로 멀티 플랫폼을 사용할 수밖에 없다. 인스타그램 자체가 애초에 판매나 수익 창출을 위해 만들어진 SNS가 아니기 때문에 인스타그램만 사용하면 수익을 내기 어렵다. 인스타그램은 올릴 수 있는 사진과 영상의 양에 제한이 있으며, 텍스트 편집이 어렵고, 피드 내에서 콘텐츠 검색이 불가능하며, (아예 댓글을 달 수 없거나) 모든 댓글이 공개적이다. 세포마켓의 가장 중요한 결제도 앱 내에서는 불가능하다. 최근에는 사진에 쇼핑 태그를 달 수 있게 되었지만, 아직도 구매를 위해서는 결제와 주문이 가능한 다른 웹사이트

③ 쇼핑 태그 기능

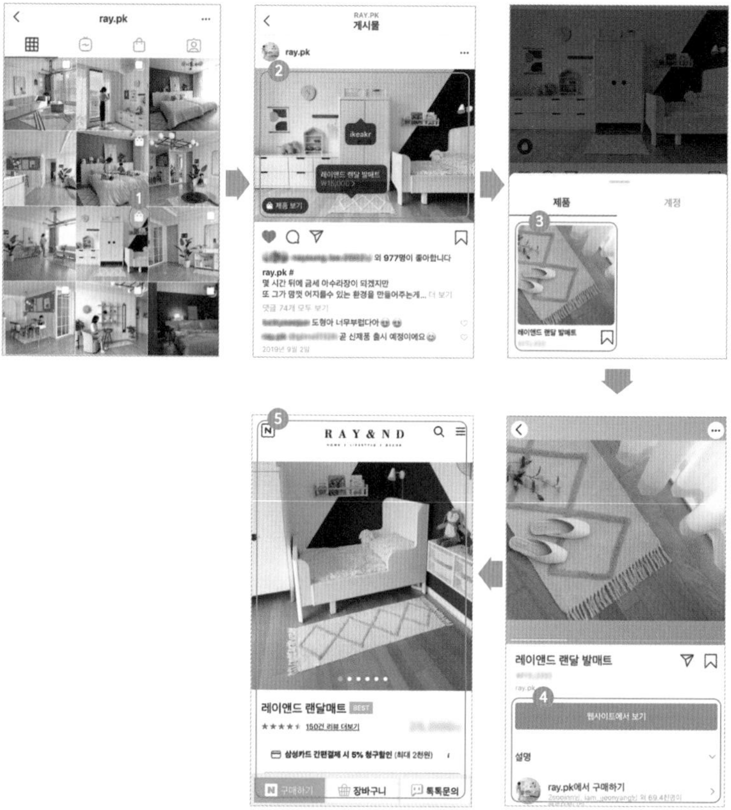

쇼핑 태그가 있는 게시물은 검색 결과 시 쇼핑백 모양이 함께 보인다. 해당 부분을 누르면 관련된 메인 게시물로 연결되고 게시물에서 보다 자세한 쇼핑 태그를 확인할 수 있다. 연결된 쇼핑 태그를 누르면 상품 상세 설명으로 넘어가고 상세 설명에 있는 링크를 누르면 연결된 결제 페이지인 스마트 스토어나 쇼핑몰 홈페이지로 넘어간다.

출처: @ray.pk

로 이동해야 한다. 더구나 상시 판매 제품이 있어야 설정이 가능해 한시적으로 제품을 파는 경우에는 사용하기 어렵다. 또한 인스타그램 프로필에는 단 하나의 웹사이트 주소만 표기할 수 있어 사람들이 방문해야 하는 웹사이트 주소를 선별해야만 한다(이 경로로 가장 많은 유입이 일어난다). 다행히 최근에는 링크트리처럼 여러 웹사이트를 기재할 수 있는 랜딩 페이지를 제공하는 별도의 서비스가 나왔다. 예를 들어 링크트리에서 제공한 페이지에 필요한 링크와 제목을 넣고 인스타그램 프로필에는 링크트리에서 준 하나의 URL 주소만 표기하면 된다.

이러한 이유들로 인해 대부분의 세포마켓들은 인스타그램을 홍보와 마케팅, 그리고 실시간 소통의 창구로 활용하고, 여타 기능은 다른 플랫폼을 이용한다. 우리에게 가장 익숙한 플랫폼인 네이버 블로그는 다양한 크기, 색상, 하이라이트 글씨체 등 텍스트 편집이 쉽고 글의 길이에 제한이 없으며, 영상이나 사진 편집도 어렵지 않고 여러 장의 사진과 영상을 한꺼번에 올릴 수 있어 제품 상세 설명에 적합하다. 또한 블로그 내에서 포스트 제목이나 내용을 검색할 수 있어 이전 글들을 찾아보기 편리하고 주문서를 따로 받고 있거나 판매 페이지가 있다면 링크를 걸기도 쉽다. 고객 상담을 위한 별도 게시판이나 비밀 댓글이 가능해 고객관리 차원으로 사용해도 좋다. 공구의 경우 대개 시간을 정해 놓고 판매를 시작하기 때문에 블로그에서 제공하는 예약 포스팅 기능을 활용하면 정해진 시간에 글이 올라가 유용하다. 요즘은 인스타그램이 세포마켓 판매자를 위해 다양한 서비스들을 개발하면서 블로그를 사용하지 않는 사람들도 있지만, 대개의 온라인 쇼핑몰 서비스에서는 제공하지 않는 다양한 편집 기능(스티커, 글씨 크기, 폰트 등)과 댓글 기능을 제공하고 있어 상세 설명과 소통을 중시하는 세포마켓에서는 개별 홈페이지가 있더라도 여전히 블로그를 사용하는 경우가 많다. 특히 네이버 검색에 유리하다는 이점은 네이버 블로그를 선호할 수밖에 없게 만든다. 최근 공구업체들에서 네이버 검색에 공구 가격이 보이지 않도록 당부하는 경우가 있는데 이는 '검색 비허용' 기능을 이용하면 된다.

주문이나 제품 상세 페이지를 위해 많이 사용하는 플랫폼은 '블로그 페이'나 '스룩 페이'와 같이 간단하게 판매 웹사이트를 구축할 수 있는 결제 서비스다. 가장 보편적으로 쓰이는 블로그 페이는 페이앱이라는 원격/대면 신용카드 결제 서비스를 제공해주는 업체의 판매 웹사이트다. 이전 홈페이지 서비스들이 온라인 쇼핑몰 구축을 위해 복잡하고 다양한 기능을 제공했다면, 블로그 페이는 간단하게 제품 사진과 상세 설명을 올리고 주문부터 결제까지 원스톱 시스템이라 누구나 쉽게 만

출처: 각 서비스 홈페이지

최근에는 세포마켓을 위한 판매 서비스들이 많이 생김

출처: 네이버

▽ 네이버 스마트 스토어를 세포마켓 판매 서비스로 가장 많이 이용

들 수 있다. 그래서 블로그를 사용하지 않고 블로그 페이만 사용하는 세포마켓들이 늘어나는 추세다. 또한 주문서로 단일 제품의 주문과 결제도 가능해서 한시적으로 소량 제품만 판매하는 세포마켓에 특히 유용하다. 최근에는 공구가 가능한 제품들을 고르기만 하면 주문서와 상세 설명을 제공해주는 '핫트 인플루언서 판매 플랫폼', '레이블 스토어', '민팅', '소셜클럽' 등과 같은 발전된 형태의 서비스들도 생겼다.

네이버에서 제공하는 서비스인 '스마트 스토어'도 많은 사람들이 이용하는 서비스 중 하나다. 스마트 스토어도 네이버 블로그처럼 네이버 검색에 걸리기 때문에 인스타그램뿐 아니라 다른 곳에서 소비자를 유입할 수 있다는 장점이 있다. 하지만 공구의 경우 상시 판매보다는 한 번에 한두 개의 제품만 판매할 확률이 높아 상시 온라인 쇼핑몰 기능이 있는 스마트 스토어는 적합하지 않을 때가 많다. 이는 기존 온라인 쇼핑몰처럼 언제든지 주문을 받는 경우에 활용 가능하다. 또한 스마트 스토어는 직접 배송을 원칙으로 하므로 직접 제품을 배송하지 않는다면 이용할 수 없다. 대개 공구 제품들은 제조 업체나 브랜드에서 위탁 배송을 해주기 때문에 사용이 어려울 수 있다. 만약 상시 판매를 하거나 직접 배송하는 자체 제작 제품이 많아 다양한 곳에서 소비자들이 유입되기를 바란다면 좋은 판매 플랫폼이 될 수 있다.

그 외에 카카오에서 제공하는 '오픈 채팅'이나 '플러스 친구'도 있다. 일대일 대화가 가능하기 때문에 주문량이 많지 않을 경우 유용하고, 고객 불만 처리도 실시간으로 할 수 있다. 스마트 스토어나 인스타그램 DM으로도 (접속 시) 실시간 채팅이 가능하지만, 카카오는 많은 사람들이 일상에서 자주 사용하는 메신저이기 때문에 고객들과 실시간으로 대화하는 데 편리하다. 다만 실시간으로 응대하기 어려운 상황이라면 고객의 기대치에 못 미칠 수 있다는 점을 염두에 둬야 한다.

· 부딪치며 배운 여우마켓 실전 꿀팁 ·

여우마켓의 멀티플랫폼 전략

#플랫폼 하나씩 넓혀가기

2018년 초에는 많은 세포마켓들이 인스타그램과 네이버 블로그만 사용했다. 인스타그램에서 홍보한 후 프로필에 네이버 블로그 주소를 적어두면, 고객들이 네이버 블로그로 넘어와 제품 설명을 읽고 구매를 하는 방식이다. 블로그에 제품 설명과 함께 네이버 폼에서 만든 주문서 링크를 걸어두면 이름, 연락처, 주소 등의 개인 정보를 적고 무통장 입금을 통해 주문하면 된다. 이때까지만 해도 세포마켓에서는 신용카드 결제가 일반적이지 않았다. 또한 공구의 경우 가격을 비공개로 하는 경우가 많아 구매하고자 하는 고객들이 가격을 물어보면 비밀 댓글로 공구 가격을 알려줘야 했다. 현재는 공식적으로 공구 가격을 정하는 업체도 있고, 가격을 공개해도 되는 경우도 많아졌으며 신용카드로 결제하는 것도 보편적인 일이 되었다.

초창기에는 여우마켓도 인스타그램과 네이버 블로그 두 가지 플랫폼만 사용했다. 현금 영수증을 원하는 사람들을 위해서 현금 영수증 서비스(무료)를 따로 사용했지만 신용카드 결제는 받지 않았다. 처음에는 매출을 가늠하기 어려워 비용을 지불해야 하는 서비스는 일절 사용하지 않았다. 세포마켓을 시작하는 사람이라면 최소한의 플랫폼만 이용하고 점점 넓혀나가는 것이 관리하기 수월하다. 이후 주문이 늘면서 주문서와 결제를 따로 받는 것이 불편해졌고 그즈음 블로그 페이를 알게 되어 창업 후 6개월쯤 지난 시점부터 이용료를 지불하고 블로그 페이를 사용

결제 서비스 블로그 페이

중이다. 이제는 여러 가지 공구를 진행하는 일도 자주 발생해서 링크트리와 유사한 '콘택트인바이오Contact in Bio'라는 랜딩 페이지 서비스도 이용 중이다. 보편적으로는 링크트리를 더 많이 사용하는데, 콘택트인바이오는 링크뿐 아니라 텍스트도 올릴 수 있다는 장점이 있다.

#주문과 결제는 블로그 페이 활용하기

세포마켓이 활성화되면서 세포마켓과 같이 상시 판매가 주가 아닌 영세 사업자들을 위한 주문 및 결제 서비스가 많이 생겼다. 그 중에서도 간단하게 사용할 수 있는 쇼핑몰과 주문서를 같이 제공해주는 페이앱의 블로그 페이와 스룩 페이가 많이 쓰인다. 전통적인 온라인 쇼핑몰보다 간단하고, 단일 상품 판매를 위한 주문서를 별도로 만들 수 있다는 장점이 있다. 독자적인 온라인 쇼핑몰을 구축하는 것에 비해 비용도 저렴하고 컴퓨터를 잘 못하더라도 쉽게 만들 수 있다. 최근에는 업체에서 직접 결제 시스템으로 주문을 받고 배송을 처리해준 후 세포마켓 운영자에게 수수료를 지불해주는 서비스도 있다. 이를 이용하면 주문서를 만들고, 입금을 확인하고, 주문서를 정리해서 업체에 보내야 하는 번거로움은 없지만, 판매를 진행하면서 추이를 알기 어려운 경우도 있고 판매수수료를 한참 후에 지급받는 경우가 있다.

▽ 블로그 페이는 단일 상품 주문이 가능

여우마켓은 주문 및 결제를 위해 블로그 페이를 사용 중이다. 페이앱은 가입비만 지불하면 결제 서비스와 블로그 페이 둘 다 사용 가능하다. 무통장입금도 자동으로 확인해주고, 신용카드는 결제가 완료되면 며칠이 지난 후 수수료를 떼고 정산해준다. 현금 영수증도 고객이 원하면 시스템 내에서 처리가 가능하다. 주문서를 엑셀로 다운받을 수 있기 때문에 공구를 진행한 경우 주문서를 업체에 전달하면 배송을 담당해준다. 단일 제품 공구를 할 때는 주문서를 사용하고, 여러 가지를 한꺼번에 오픈할 때는 쇼핑몰 기능을 활용한다. 하지만 사진 편집이 자유롭지 않고 영상을 올릴 수 없어서 주로 주문과 결제 서비스만 이용하고 상품 상세 설명은 네이버 블로그를 더 많이 사용한다.

#고객관리는 블로그 활용하기

세포마켓에서 가장 중요한 것은 고객관리다. 그런데 세포마켓을 운영하다 보면 평소에는 친밀하게 소통했던 관계에서 판매자와 고객으로 의사소통을 해야 하는 상황이 생긴다. 친밀한 관계를 기반으로 판매하는 것이지만, 금전 거래가 일어난 이후에는 '고객'이기 때문에 그에 걸맞은 관리를 해줘야 한다. 자칫하면 큰 오해가 생길 수 있으므로 사용하는 플랫폼 중 어떤 플랫폼으로 고객관리를 할지 미리 정하는 것이 좋다.

여우마켓은 초반에 인스타그램 DM으로 고객들과 대면했다. 그러나 메신저 특성상 빠르게 답변하지 않을 경우 고객들이 실망하기도 하고, 대화체로 이야기를 하다 보니 판매자로서의 신뢰성을 잃게 되는 경우가 많았다. 현재는 블로그에 CS게시판을 따로 만들어 비밀 댓글로 문의를 받고 있다. 공부와 육아를 병행하면서 혼자 운영하고 있기 때문에 카카오톡 오픈 채팅이나 플러스 친구를 개설하는 것은 현실적으로 어려워 블로그를 이용한다. 제품 불량이나 교환 및 환불과 관련된 사안들은 고객과 의사소통을 한 후 업체에 전달하면 적절한 조치를 취해준다. 처음 시작하는 세포마켓 운영자라면 돈을 들여 본인만의 홈페이지를 구축하기보다는 시중에 나와 있는 편리한 서비스를 사용해보는 것을 추천한다.

여우마켓 블로그 cs 게시판

인스타그램의 눈덩이 효과

눈덩이 효과snowball effect란 '작은 원인(행위)이 선순환 또는 악순환의 과정을 거쳐 큰 결과로 이어지는 현상'을 말한다. 인스타그램에서의 인기 상승과 추락을 가장 잘 표현하는 용어이기도 하다. 이미지를 기반으로 하는 인스타그램은 매우 직관적인 매체로 글보다 확산이 빠르고 재생산이 쉽다. '태그', '리그램', '해시태그' 등 사용자 간 공유를 용이하게 하는 다양한 기능으로 인해 몇 개의 사진이나 영상만으로도 단시간에 많은 사용자들에게 사랑받는 사람이 될 수도 있고, 반대로 미움받는 사람이 될 수도 있다. 인스타그램은 사용자 모두가 촘촘하게 엮여 있는 일종의 유기체로, 그 흐름을 잘 파악해야 장기적으로 살아남을 수 있다.

인스타그램 알고리즘의 비밀

2016년 인스타그램은 뉴스피드 콘텐츠 노출과 관련하여 그들만의 독자적 알고리즘을 쓰고 있다고 발표했다. 이를 통해 '사용자가 가장 소중하게 생각하는 순간The moments you care about'을 가장 먼저 보게 될 것이라고 설명했다. 이전까지는 뉴스피드에 시간 순서대로 이미지가 올라오는 방식이었지만, 알고리즘 적용 이후에는 개별 사용자에게 가장 관련성이 높은 이미지가 먼저 나오도록 프로그램이 바뀐 것이다. 그 후 몇 년간 정확히 어떤 방식으로 알고리즘이 작동하는지는 베일에 싸여 있었고 급기야 인스타그램 알고리즘과 관련한 많은 소문들이 퍼져 인기 게시물을 만들어준다는 마케팅 회사들까지 생겨나기도 했다. 2018년 인스타그램은 알고리즘에 대한 많은 소문과 이를 상업적으로 이용하는 업체들을 잠재우기 위해 대략적인 가이드라인을 발표했다. 그들이 꼽은 알고리즘의 중요 핵심 3가지는 다음과 같다.

관심Interest, 최신성Recency, 그리고 관계Relationship

그중 가장 중요한 것은 사용자들의 '관심'이다. 인스타그램은 진정한 의미의 관심 기반interest-based SNS로 사용자들이 '좋아요'를 눌렀던 콘텐츠와 유사하거나 비슷한 해시태그를 포함한 콘텐츠가 뉴스피드의 상위를 차지하게 된다. 두 번째 키워드는 '최신성'으로 사용자들의 관심이 반영된 피드에는 접속한 시간을 기준으로 최신의 콘텐츠가 먼저 보인다. 다시 말해, 일주일 전에 올라온 콘텐츠가 아무리 관심사를 반영하더라도 피드의 상위에 오르기는 어렵다. 마지막으로 사용자 간의 '관계'다. 인스타그램 알고리즘은 사진에 댓글을 달거나 태그를 하는 등 사용자 간에 친밀한 관계가 있는지 파악해 관계를 깊게 맺은 사람일수록 뉴스피드 상위에 나타날 확률이 높다.

그 외에 인스타그램 사용 시간도 영향을 미친다. 인스타그램에 접속해서 잠깐씩 머무르는 사람이라면 가장 관련성이 높은 사진부터 보이지만, 오랜 시간 동안 인스타그램에 접속하는 사람에게는 더 다양하고 새로운 콘텐츠가 뉴스피드 상위에 올라온다. 검색과 탐색 화면에서도 이러한 알고리즘에 기반하여 콘텐츠가 노출된다.

눈덩이 효과를 극대화하는 법

- 콘텐츠에 맞는 적절한 해시태그하기
- 장소, 구매처 등 관련 사항 최대한 태그 달기
- 피드, 스토리, IGTV, 라방 등 여러 기능을 적절히 이용하기
- 지속적으로 일관성 있는 콘텐츠 올리기
- 댓글, '좋아요' 등 소통을 유도하여 인게이지먼트 올리기
- 퀄리티 좋은 사진 올리기
- 비슷한 콘텐츠를 공유하는 다른 계정들을 방문해서 소통하기
- 로봇/자동화 서비스 등은 되도록 지양하기

눈덩이 효과를 극대화하는 방법 중 새로운 사용자를 유입하기 위한 첫걸음은 품질이 좋은 콘텐츠에 적절한 해시태그와 태그를 다는 것이다. 사진 속 제품이나 사람, 장소와 관련된 태그를 달면 사용자들이 궁금한 것을 검색했을 때 관련 태그를 단 콘텐츠가 보이기 때문이다. 나아가 스토리, IGTV, 라방 등 인스타그램의 다양한 기능들을 이용하면 다각도로 팔로워들에게 다가갈 수 있을 뿐 아니라 인스타그램 검색 결과로 나타날 가능성도 커진다. 물론 노출이 많이 된다고 해서 팔로워가 많아지고 영향력이 커지는 것은 아니다. 새로운 사용자가 유입되었을 때 피드가 의미 있고 유용하다고 여겨져야 팔로우를 하므로 일회성 노출을 위해서 간헐적으로 자극적인 게시물을 올리는 것보다 전체 피드를 생각해서 일관적이고 지속적인 콘텐츠로 게시물을 올리는 것이 중요하다. 팔로워가 많아지면 사용자들이 피드에 머무는 시간이 길어지고, 게시물에 '좋아요'와 댓글 등의 인게이지먼트가 증가하기 때문에 새로운 사용자의 유입이 더 활발해진다.

이것이 곧 인스타그램 세포마켓을 키워나가는 눈덩이 효과의 선순환 구조라 할 수 있다. 이 구조를 이해하고 노력하면 세포마켓의 정보와 제품도 삽시간에 퍼져 나갈 수 있는 가능성을 가지게 된다. 선순환 구조는 바이럴 마케팅viral marketing이 효과를 발휘하는 방식과 흡사하다. 바이럴 마케팅은 정보의 확산을 소비자에게 의존하는 마케팅으로 바이러스가 퍼져 나가는 원리와 비슷한 방식이다. 초기에 일부 소비자에게만 전달된 정보가 순식간에 다른 소비자들에게까지 확산되는 것을 말한다. 바이럴 마케팅이 성공하기 위해서는 전달되는 정보가 진정으로 소비자에게 가치 있는 정보여야 하며 가능한 넓은 네트워크를 가진 사람을 최초의 매개자로 선정해야 한다.[2]

이와 마찬가지로 선순환 구조의 효과가 일어나려면 비슷한 관심사를 가진 사람들의 탐색 페이지나 해시태그 검색 결과에서 인기 게시물이 되어야 한다. 추천 게시물이나 인기 게시물이 되려면 인게이지먼트, 즉 고객 참여가 중요하다. 인스타그램은 사용자들이 좋아하고, 댓글을 남기고, 공유하고, 저장하고, 오랜 시간을 머무는 콘텐츠들을 선호한다. 이런 게시물은 취향이 비슷한 사람들에게 보여줄 가치가 있다고 여겨 기존 팔로워들뿐만 아니라 새로운 사용자들에게 더 많이 노출된다. 콘텐츠를 올릴 때 되도록 빠르게 '좋아요'와 댓글이 달릴 수 있도록 유도하는 것이 가장 좋은 전략이다. 최근에는 팔로워들에게 댓글을 달도록 유도하는 이벤트가 많아졌다. 제품을 구매한 후에 댓글을 달면 추첨을 통해 선물을 주는 '구매 완료 이벤트', 다른 친구들을 태그로 소환해서 제품을 알려주는 '친구 소환 이벤트', 새로운 제품에 대해 이름을 짓는 '이름 짓기 이벤트', 그 외에도 큰 의미 없이 '손을 들어달라', '점을 찍어달라' 등의 이벤트도 있다. 결국 세포마켓이 성공하기 위해서는 팔로워와 함께 긴밀하고 유기적인 네트워크를 구성해야 한다. 단 한 명의 충실한 팔로워라도 눈덩이를 굴릴 수 있는 힘이 있다는 것을 명심하자.

리그램의 진실

인스타그램 마케팅에 관심 있는 사람이라면 '리그램regram'이라는 단어를 한 번쯤 들어봤을 것이다. 리그램은 타인이 올렸던 콘텐츠를 본인의 피드에 재게재하는 것을 일컫는 말이다. 사진을 캡처해서 본인의 피드에 다시 올리기도 하고, 리그램 앱을 이용해 타인의 계정에 있는 콘텐츠를 본인의 피드에 올리기도 한다. 리그램은 인스타그램이 여러 사용자가 촘촘히 연결된 네트워크라는 것을 이용한 마케팅 방식이다. 예를 들어 내가 올린 게시물을 팔로워가 리그램 하여 팔로워 본인의 피드에 올리면 나를 모르는 사람들도 그 게시물을 보고 내 계정으로 유입되거나 판매되는 제품이나 브랜드를 보게 되는 원리다. 인스타그램을 상업적으로 이용하는 사람이 적었던 초창기에는 리그램이 인스타그램 마케팅의 유일한 해답처럼 여겨지기도 했다.

최근에는 '리그램 헌터', '이벤트 헌터'라 불리는 사용자들도 생겨났다. 인스타그램 계정이 있기는 하지만 활동은 전혀 하지 않으면서 이벤트나 리그램만 참여하는 사용자들을 말한다. 피드 전체에 리그램 게시물만 있는 경우도 있다. 이러한 계정은 인스타그램 특성상 새로운 사용자가 유입될 확률이 매우 낮기 때문에 홍보 효과가 거의 없다. 리그램 이벤트를 실시하는 이유가 적은 비용으로 새로운 사용자들의 유입을 늘리고, 궁극적으로는 충실한 팔로워를 만드는 것이라면 그 실효성에 대해서는 꼼꼼히 따져봐야 한다. 그럼에도 불구하고 리그램을 하고 싶다면 피드의 심미성을 해치지 않도록 사진 자체가 예쁘거나 거부할 수

리그램 이벤트

없을 만큼 매력적인 상품이거나 리그램을 활발히 해줄 충실한 팔로워들을 많이 만들어야 한다.

인스타그램 사용자들이 점점 성숙해지면서 본인들의 피드를 '관리'하려고 하는 것도 리그램의 효과성을 떨어뜨린다. 개인 계정에 상업적으로 보일 수 있는 콘텐츠를 올리기 싫어하며, 상품을 무료로 얻고 싶어 하는 느낌이 나는 것도 불편해한다. 세포마켓을 운영 중이라면 의미 없이 남의 계정을 광고해주는 것은 도움이 되지 않기 때문에 더욱 꺼려진다. 심미적으로나 콘텐츠적으로도 전체 피드의 일관성을 해쳐 리그램을 한다고 해도 다른 콘텐츠에 비해 도달률이 낮다.

결국 리그램의 목적은 새로운 사용자를 유입해서 그들을 팔로워로 전환시키고 궁극적으로는 판매를 일으키는 것이다. 하지만 리그램은 상업성이 강해 판매자의 계정을 방문한다고 하더라도 팔로우를 하고 제품을 구매하는 데까지 시간이 필요하다. 새로운 사용자를 유입하려면 오히려 리그램보다 솔직하고 긍정적인 후기를 장려하는 것이 도움이 된다. 구매자들이 직접 후기를 남기는 것은 리그램과 마찬가지로 새로운 사용자들에게 세포마켓을 노출할 수 있는 또 다른 방법이다. 제품을 구매한 후에 후기를 남기는 것은 리그램보다 상업적인 느낌이 나지 않고 설득력이 높아 새로운 사용자들도 쉽게 받아들이고 신뢰하게 된다. 많은 사람들이 이미 제품을 구매했다는 것을 알게 되면 쉽게 팔로우를 하고 제품 구매까지 이어지게 된다.

· 부딪치며 배운 여우마켓 실전 꿀팁 ·

부지런하게 눈덩이 굴리기

#일상의 모든 것이 피드의 소재가 된다

일상적인 소통을 기반으로 하는 인스타그램에서 입지를 다지기 위해서는 정기적인 콘텐츠를 올리는 것이 필수다. 콘텐츠를 만드는 것 자체가 어렵다고 느끼면 포기하기 쉬우니 내가 가장 잘 알고 좋아하는 것부터 시작해야 한다. 인테리어에 관심이 많다면 집이, 육아를 한다면 아이가, 뷰티에 대해 잘 안다면 화장을 하는 일상이 모두 피드의 소재가 된다.

여우마켓은 스마트폰 한 대로 운영 중인 세포마켓이다. 여우마켓을 시작한 이후로는 내 손에 항상 스마트폰이 들려 있다. 사진으로 남길 가치가 있는 상황, 장소, 제품, 음식을 마주하면 잊지 않고 사진을 찍어두려고 노력한다. 나중에 어떤 형식으로 사진이 쓰일지 모르기 때문에 같은 상황에서도 여러 각도로 사진을 찍어두고, 올릴 때 헷갈리지 않도록 찍은 직후에 불필요한 사진들은 삭제한다. 여우마켓은 아들이 사용하는 제품들이 많은데 24개월 된 아들은 내가 원하는 대로 포즈를 취해주지 않아 콘텐츠가 될 가능성이 있다고 생각하는 순간을 많이 축적해 놓고 후에 선택과 편집을 하는 편이다. 당장 게시물을 올리지 않더라도 사진을 찍은 날 간단히 메모해두고 적절한 날과 시간에 올리는 방법을 추천한다.

#콘텐츠는 팔로워 특성에 맞게 고르기

인기가 많은 인스타그램 피드에는 인플루언서만의 개성이 묻어난다. 팔로워들은 인플루언서 특유의 개성을 좋아하고 공감하는 사람들이다. 하지만 그렇다고 해서 인플루언서의 모든 이야기가 팔로워들에게 공감을 불러일으키는 것은 아니다. 그러므로 나만의 개성을 표현하는 것만큼 나를 팔로우해주는 사람들의 욕구를 충족시켜주는 것 또한 중요하게 생각해야 한다. 그들이 나를 왜 팔로우하는지 생각하면서 내가 하고 싶은 이야기와 팔로워들이 듣고 싶은 이야기의 균형을 잘 맞춰야 한다.

여우마켓은 하루에 3~4개 정도의 콘텐츠를 올리는데, 그중

1~2개만이 실질적인 판매와 관련된 것들이다. 나머지 콘텐츠는 비슷한 상황의 엄마들이 공감할 수 있는 아이 이야기, 꼭 필요한 육아 제품 정보, 워킹맘으로서의 고충, 따라 할 수 있는 간단한 유아식 레시피, 편리한 육아용품이나 서비스, 아이와 함께 갈 곳 등의 정보나 고민을 위주로 한다. 또래 아이를 키우는 엄마들이 공감하고 궁금해할만한 '현실 육아'에 관한 내용들을 워킹맘의 특성을 살려 솔직하게 작성한다. 인스타그램 특성상 긴 글은 읽히지 않는다고 생각하기 쉽지만 여우마켓의 경우 '엄마의 마음'을 담은 육아에 대한 긴 글들이 일반적인 피드보다 더 많이 읽히고 공유된다. 무조건 유행을 따라하기보다는 팔로워들의 특성과 그들이 피드에 방문하는 이유를 잘 알아야 하는 이유다.

"아침에 윤우한테 화를 많이 냈다. 요새 한번 땡깡을 부리면 목이 쉬게 울고 소리 지르고 발을 쿵쾅 구르고 난린데 그때마다 목소리 크게 안 높이고, 끈질기게 설명하고 설득하면서 훈육을 해왔다. 그런데 오늘은 기차 시간도 가까워지고 며칠 연속 그러니 퓨즈가 딱 끊겨서 너무 화가 났다.

장난감 차를 다 버릴 거라고, 혼자 나갈 거라고, 너 혼자 살으라고, 엄마한테 이제 말 걸지 말라고, 갓 네 살짜리한테 치사하고 유치한 협박을 했다. 결국 윤우는 울음을 겨우 참아가며 내가 하자는 대로 하기로 했다. 시간 맞춰 집을 나서는 게 이렇게 힘든 일인가 싶고, 네 살짜리 애랑 30분이나 같은 수준으로 싸운 게 너무 한심해서 기차역 가는 택시 안에서 울었다. 옆에서 숨죽이고 앉아 있던 윤우를 안고 미안하다고 말했다. 혼을 낼 수는 있는 거지만 너의 물건을 함부로 해서, 이미 너의 소유인 것들을 내가 사줬다는 이유로 빼앗아가려고 해서, 너 없이 못사는 건 엄만데 상처를 줘서 미안하다고 사과했다. 윤우는 내 말을 알아들은 건지 고개를 끄덕이며 나를 토닥여줬다.

아이가 가장 좋아하는 것을 빼앗고, 필요로 하는 것을 주지 않겠다고 협박해서 아이를 굴복시킬 수 있는 방법을 본능적으로 찾은 내 자신이 너무 실망스러웠다.

기차 탔냐고 전화를 건 엄마한테 미안하다고 했다. 아주 가끔 나에게 주어진 것이나 돈을 가지고 나를 굴복시키려고 할 때 치사하게 왜 저러나 속으로 욕해서 미안하다고 말씀드렸다. 부모가 되어보니 부모가 자식을 이길 수 있는 게 단 한 가지도 없는데 말이다."

– 엄마의 마음을 담은 #육아고충 긴 글 중에서

게시물을 올리는 시간도 팔로워들의 특성에 맞추는 게 좋다. 엄마들이 주요 팔로워인 여우마켓의 경우 아이들이 어린이집에 등원한 후와 '육퇴(육아 퇴근)' 이후의 시간이 가장 활발한 시간이다. 팔로워들이 활동하지 않는 시간대에 콘텐츠를 올리면 최신성에서 밀려 상위 노출이 안 될 수 있기 때문에 되도록 팔로워들과 사용자들이 인스타그램에서 활발히 시간을 보낼 때 콘텐츠를 올리는 것이 도달률이 높다.

#효율적인 해시태그 사용법

해시태그는 새로운 사용자를 유입시킬 수 있는 수단이기 때문에 필요에 맞게 효율적으로 달아야 한다. 인기가 많은 해시태그만 달 경우 인기 게시물에 오르기 어려워 노출이 안 될 수도 있으니 비슷한 관심사의 관련 해시태그를 여러 가지 적절히 섞는 것이 중요하다. 해시태그를 달 때는 본문 캡션에 섞어서 달 수도 있고, 댓글에 달 수도 있다.

여우마켓 게시물은 본문 캡션에 해시태그가 너무 많으면 보기에 깔끔하지 않은 것 같아서 댓글에 다는 것을 선호한다. 게시물과 관계가 있는 해시태그, 관련성은 조금 떨어지지만 많이 검색하는 해시태그, 그 당시 판매하고 있는 제품 등 다양한 해시태

▽ 댓글에 단 해시태그

그를 섞어서 단다. 예전에는 만들어 놓은 해시태그를 복사해서 붙이곤 했는데, 쉐도우 밴에 한 번 걸려본 이후로는 되도록 매번 조금씩 바꾸려고 한다. 사진을 올리면서 브랜드, 구매처, 장소 등 필요한 정보는 태그해둔다. 다양한 경로로 검색해서 들어오는 사람(잠재적 팔로워)들에게 노출되기 위함이다.

#인게이지먼트 올리기

많은 사람들의 뉴스피드 상단에 오르고 인기 게시물이 되기 위해서는 인게이지먼트가 중요하다. 팔로워들이 댓글을 달거나 저장하고 싶은 콘텐츠, 그리고 참여형 이벤트처럼 활동과 참여가 많은 게시물이 도달률이 높아 인게이지먼트가 올라간다. 스토리, IGTV, 라방 등 다양한 기능을 활용하면 효과적이다.

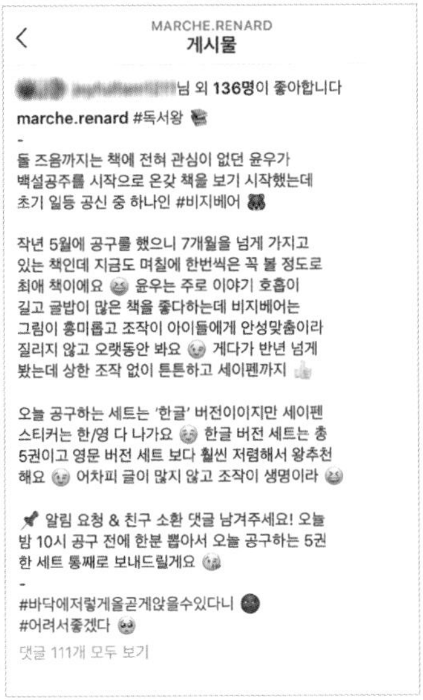

댓글 이벤트로 인게이지먼트 올리기

여우마켓에서는 주로 댓글 이벤트를 진행한다. 제품을 판매하면서 '이름 짓기'나 '친구 소환' 등의 이벤트를 하기도 하고, 엄마들의 자존감을 높여주고 즐거움을 선사하기 위해 '오늘 가장 먹고 싶었던 것', '아이가 닮았으면 하는 나의 모습' 등에 대한 댓글을 받고 선물을 보내준다. 아들이 썼던 물건 중 예쁘고 매력적인 것들은 '드림 이벤트'를 통해 나눠준다.

스토리는 편집이나 캡션에 많은 노력을 쏟지 않아도 되므로 수시로 올린다. 평일에는 5~6개 정도 올리고 여행을 가거나 주말에는 10개 이상 올리기도 한다. 스토리는 피드 상단에 있고 사용자들이 손쉽게 볼 수 있어 제품 판매 시 간단한 공지를 하기 위해 이용하기도 한다. 금방 스쳐 지나가기 때문에 복잡하거나 어려운 메시지는 전달하지 않는 편이다. 보통 스토리는 300~400

명 정도가 본다.

아이에게 책을 읽어주거나 영어로 된 교육 자료를 공유할 때는 IGTV 기능을 활용하는데 상세한 제품 설명이 필요한 경우에 종종 사용하고 있다. 라방은 예고를 하는 게 좋다. 최근에는 고정적으로 라방을 하는 시간을 정해서 진행하고 있다. 여우마켓의 주요 라방 주제는 아이를 재우고 엄마들이랑 고민을 터놓으면서 수다를 떨거나, 판매하는 교구나 장난감을 설명하기 위해 진행한다.

#숫자의 함정에 빠지지 않기

세포마켓을 시작하면 팔로워를 늘리는 것에 많은 자원을 집중하게 된다. 팔로워는 수치화되어 나타나기 때문에 팔로워 수가 어느 정도 이상 되었으면 좋겠다는 목표가 은연중에 생긴다. 그래서 팔로워나 '좋아요'를 사기도 하지만 팔로워가 늘어난다고 해서 판매가 같이 늘어나는 것은 절대 아니다. 가게에 오는 손님이 모두 물건을 구매하지는 않는 것과 같은 이치다. 세포마켓도 하나의 사업이다. 무엇보다 제품이 우선이고 그다음으로 고객관리가 잘 되어야만 입소문을 타고 점점 매출이 오른다. 단기간에 눈에 띄기 위해 팔로워나 '좋아요'를 사면 고객들의 신뢰를 잃는 건

시간문제다.

여우마켓 초창기에는 다른 세포마켓들보다 팔로워 수가 적은 것이 신경 쓰이기도 했지만 나를 진정으로 믿고 따르는지가 중요한 것이지 편법으로 조작한 숫자는 중요하지 않다는 걸 깨달았다. 여러 인플루언서들에게 제품을 대주는 교구 업체 대표님께서도 절대로 팔로워나 '좋아요'를 사지 말라고 조언해주면서 그런 서비스를 이용하면 인스타그램 알고리즘이 불량 계정으로 간주해 손해를 보게 되는 일도 많다고 알려주었다.

우리는 엄마이기 이전에 모두 여자였다 #Amanada's Choice

@i_am_anda_, 7.5만 팔로워

인스타그램에서 '아만다'로 통하는 이은경 씨는 화려하고 예쁜 외모만큼이나 걸쭉하고 재미난 반전 입담으로 사랑받고 있다. 임신 후 다니던 회사를 그만두고 육아하는 엄마들에게 공감을 일으킬만한 콘텐츠를 인스타그램에 올린 게 '아만다 초이스'의 시작이었다. 현재는 화장품, 의류, 건강식품, 향수 등 여성들을 위한 다양한 제품을 판매하는 세포마켓으로 발전했다.

그녀가 아들을 출산한 2016년은 한국에서 인스타그램이 폭발적이지 않았던 초창기로 지속적이고 일관성 있게 게시물을 올리는 사용자들이 상대적으로 적을 때였다. 연관성 있는 해시태그 몇 개만으로도 쉽게 검색에 걸리던 때이기도 하다. 그녀는 출산 전부터 인스타그램을 이용했지만, 엄마가 되면서 많은 사람들이 공감할만한 콘텐츠를 지속적으로 올리게 되었다. 꾸미는 것을 좋아하던 커리어 우먼이 집에서 육아만 하는 것은 행복하면서도 한편으론 힘든 일이었다. 그녀는 인스타그램을 통해서 비슷한 감정을 느끼는 엄마들과 소통하고 아들을 위해 구매한 제품 정보를 공유하며, 육아를 도와주지 않는 '남의 편(남편)'에 대한 불만을 재치있게 까발렸다. 우연히 그녀의 피드에 들른 엄마들은 그녀의 유쾌하고 속 시원한 게시물들을 보며 함께 웃고 공감했다. 초반에는 아이와 관련된 내용이 주였지만, 아이가 성장함에 따라 콘텐츠는 확장되었고 그녀의 관심사에 맞는 제품들을 판매하기 시작했다. 그녀의 인스타그램 계정은 그녀의 성장 과정과 함께 엄마이자 여자인 많은 팔로워들의 공감을 받으며 팔로워 수가 눈덩이처럼 커졌다.

평균 하루 3개 정도의 포스트를 올리는 그녀는 '뷰티, 패션과 관련해 자신이 하고 싶은 일', '육아', '리얼한 삶' 세 가지 항목으로 콘텐츠를 제작한다고 밝혔다. 올리는 콘텐츠와 판매하는 제품들은 일과 아름다움을 모두 놓치고 싶어 하지 않는 엄마들이 좋아할만한 것들이다. 일상적인 콘텐츠를 담은 게시물을 주로 올리기 때문에 평소 생활하면서 콘텐츠가 될만한 것들을 사진 찍고 바로 게시할 때도 있지만 저장해두었다가 필요할 때 적절히 활용하기도 한다. 팔로워들이 궁금해할만한 장소나 제품명, 브랜드 관련 정보는 꼭 공유하고 바쁜 와중에도 시간을 내서 최대한 많은 댓글에 답변하려고 노력한다. 라방도 적극적으로 활용해 유럽 출장 시 유럽의 멋진 경관을 실시간으로 보여주고, 해외에 있지만 질문도 바로바로 답변해주었다. 외출 준비를 하면서 화장을 하고 머리를 만지는 사소한 일상들도 라방을 통해 공유한다. 이뿐만 아니라 비슷한 종류의 제품을 판매하는 친구들과도 인스타그램에서 활발히 교류하면서 서로 판매하는 제품을 소개해주기도 하고 함께 만나 제품에 대해 논의하는 과정을 보여주기도 한다. 논의 후에 만들어진 제품은 같이 판매하기도 한다.

현재 그녀는 세포마켓인 '아만다 초이스'를 운영하면서 TV홈쇼핑 게스트로, 새로운 뷰티 브랜드의 뮤즈로 바쁜 나날을 보내고 있다. 출산과 육아로 경력이 단절될 수 있다고 느꼈을 때는 상상할 수 없는 일이다. 본인이 잘할 수 있는 것을 꾸준히 찾아가며 성장하는 그녀의 미래가 더욱 기대된다.

인플루언서 전성시대

SNS의 발달로 밀레니얼 세대들이 SNS를 기존 대중매체보다 더 신뢰하고 선호하는 현상이 가속화되자 비주류 문화에서 '유명인'이었던 사람들이 연예인이나 스포츠 스타 등 전통적인 '유명인'들보다 대중에게 더 큰 영향력을 가지기 시작했다. 특정 직업이 아닌 개인의 역량만으로도 영향력 있는 사람들이 많아지자 '영향력을 끼친다'는 것 자체가 직업인 사람들이 등장했고 이들을 '인플루언서influencer'라고 부른다. 그들은 최근 몇 년간 분야를 막론하고 모든 기업의 마케팅 수단에서 빼놓을 수 없는 존재로 급부상했다. KB금융지주경영연구소와 글로벌 조사기관 미디어킥스에 따르면 2015년에 5억 달러(약 5,900억 원)였던 인플루언서 마케팅 글로벌 시장 규모가 2020년에는 100억 달러(약 11조 8,300억 원)대로 성장할 것으로 예상된다. 점점 영향력이 커지고 있는 인플루언서의 존재는 마케팅 전반에 커다란 반향을 불러일으키고 있다.[3]

● 인플루언서 마케팅 시장 규모

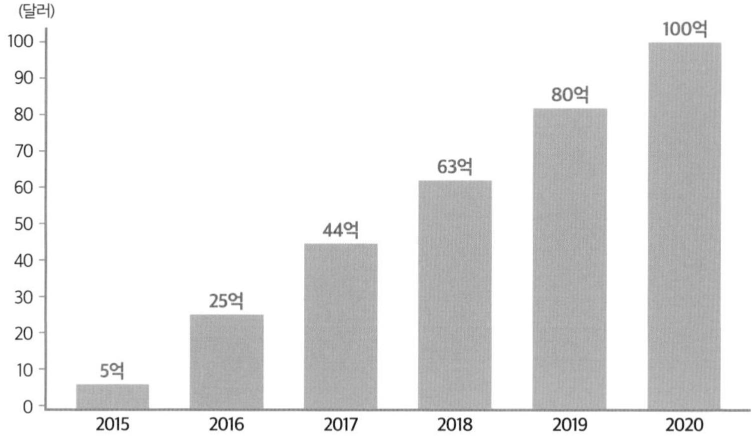

자료: Mediakix

인플루언서 마케팅의 발전

2020년 1월 기준으로 구글에 '소셜미디어 마케팅social media marketing'을 검색하면 49억 개, '인플루언서 마케팅influencer marketing'을 검색하면 1억 2천 개가 넘는 게시물이 나온다. SNS 마케팅, 그중에서도 소비자들의 사랑과 신뢰를 한 몸에 받는 인플루언서들을 이용한 마케팅은 모든 기업에서 필수적으로 고려해야 할 새로운 마케팅 수단으로 주목받고 있다.[4] 인기 뷰티 유튜버이자 인플루언서인 '포니'는 본인만의 독특한 화장법으로 SNS에서 유명해져 아모레퍼시픽과 같은 대기업들조차 그녀를 모델로 기용해 마케팅 전략을 펼치는 등 뷰티업계에서는 연예인 못지않은 인기를 누리고 있다. 최근 휠라는 유명 게임 유튜버인 '우왁굳'과 컬래버레이션 한 제품을 선보였는데 15분 만에 완판되기도 했다. 대중매체나 대형 브랜드들이 인플루언서를 키워내는 것이 아니라 스스로 성장한 인플루언서들에게 기업이 먼저 러브콜을 보내는 시대가 도래한 것이다.

인플루언서는 유튜브, 인스타그램, 트위터 등 모든 SNS에 존재하지만 기업에서 가장 주목하고 있는 SNS는 인스타그램이다. 미국의 한 조사에 따르면 92%의 마케터들이 인스타그램을 가장 중요한 SNS로 꼽았으며, 인플루언서 마케팅 캠페인 중 93%가 인스타그램을 이용 중이다.[5] 또한 인스타그램 전체 사용자 중 60% 이상이 인스타그램을 하면서 새로운 제품을 발견하고, 80% 이상의 사용자들이 하나 이상의 기업 계정을 팔로우하고 있다. 그만큼 인스타그램은 소비자들에게 브랜드와 제품을 알리고 이미지를 제고하기 위한 필수적인 플랫폼으로 성장했다.

인플루언서 마케팅의 가장 보편적인 형태는 협찬이다. 예를 들어 A라는 가구 브랜드가 인테리어로 유명한 인플루언서에게 가구를 주면 인플루언서는 집 안 사진을 찍을 때 A브랜드의 가구가 드러나게 사진을 찍고 태그해 올리는 방식이다. 영상에 특화된 인플루언서라면 광고나 PPLProducts Placement(영화나 드라마 등 영상에 소품으로 등장하는 제품)처럼 제품을 영상에 등장시키기도 한다. 이러한 콘텐츠에 대한 보답으로 A브랜드는 인플루언서에게 일정 금액의 광고료를 지급한다. 광고료는 인플루언서의 팔로워 수나 인게이지먼트 등 여러 지표에 따라 차이가 나는데, 적게는 5~10만 원에서 많게는 몇천만 원까지 책정되어 있다. 브랜드에서 '할인 코드discount code/promotion code'를 인플루언서에게 나눠

주고 인플루언서가 이를 팔로워들에게 공유해 구매를 유도하는 방법도 있다. 이 경우에는 판매 수익의 일부를 인플루언서에게 나눠 준다. 해외 쇼핑몰의 경우 할인 코드를 사용해 할인쿠폰을 주는 곳이 많은데, 이때 일정 할인율을 제공해주는 코드를 인플루언서가 SNS에서 공유하고 그 할인 코드를 이용해서 판매가 일어나면 수익의 일부를 받는 것이다.

한국형 인플루언서 마케팅

인스타그램이 활성화되기 전부터 한국에는 블로그 마켓이라는 1인 마켓이 존재했다. 대개는 시장 옷을 사입하거나 유명 브랜드나 명품을 카피하여 판매하는 방식이었다. 온라인 쇼핑몰보다 다소 불편했지만 덜 상업적이고 자신과 취향이 비슷한 블로그 마켓을 찾으면 큰 고민 없이 시즌마다 트렌디하고 취향에 맞는 쇼핑을 즐길 수 있었다. 하지만 이후 블로그는 기업들의 협찬과 광고가 난무하는 장으로 전락하면서 소비자들로부터 신뢰를 잃어갔다. 때마침 등장한 것이 바로 인스타그램이다. 인스타그램이 점차 인기를 끌자 블로그 마켓을 운영하던 많은 운영자들이 인스타그램으로 유입되었다. 이후 인스타그램 사용자가 계속 늘어나자 자연스럽게 판매자도 늘어났고 제품을 구매하는 구매자들도 많아졌다. 구매자들이 다양해지자 판매되는 제품의 종류도 확대되어 인스타그램만의 독특하고 독자적인 상업 생태계를 구축하게 된 것이다.

인스타그램은 유튜브와는 달리 사용자들을 위한 특별한 수익 모델이 없는 구조였기에 인스타그램 인플루언서들은 본인들의 인기와 영향력을 이용해 다양한 방식으로 수익 창출을 모색했다. 인스타그램이 한국보다 먼저 확산되었던 미국의 경우, 인플루언서들이 주로 대형 브랜드와 컬래버레이션 하거나 제품을 추천해주거나 특정 브랜드와 함께 마케팅 캠페인을 진행하는 방식이었다. 팔로워가 매우 많은 몇몇 인플루언서들은 본인만의 독자적인 자체 브랜드를 내기도 했다.

한국의 많은 인플루언서들은 단순히 브랜드나 제품을 홍보하는 소극적인 방식과 자체 브랜드를 개발하는 적극적인 방식의 중간을 택했다. 즉, 기업과 소비자 간의 상거래에 직접 개입하는 커머스에 특화된 인플루언서가 탄생한 것이다. 인스타그램을 기반으로 하는 세포마켓들은 주로 공구, 사입, 그리고 자체 제작의 세 가지 형태로 판매를 하는데, 많은 경우 세 가지 방식을 혼합하여 운영한다. 자체 제작은 해외 인플루언서들도 행하고 있는 방식으로 전통적인 브랜드 창업과 비슷하다. 브랜드를 개발하고, 제품을 디자인하고, 샘플을 만들고, 대량 생산을 하기까지 일련의 과정에 많은 시간과 노력, 그리고 돈을 투자해야만 한다. 대개 공장에서 최소 수량을 요구하기 때문에 일정 수준 이상 판매할 수 있다는 확신이 없다면 재고를 떠안게 되거나 아예 생산을 못 하게 되는 리스크가 있다. 그래서 한국의 인플루언서들은 사입이나 공구를 통해 팔로워를 늘리고 해당 영역에서 입지를 다진 후에 자체 제작을 하는 방식으로 세포마켓을 확장하고 있다.

유아동복을 판매하는 **바이환**(@by_hwan_, 1.6만)은 시장에서 사입하는 의류를 주로 판매한다. 매 시즌 아들에게 코디한 옷들을 판매하는데, 꾸준히 팔로워 수가 늘어나고 있는 인기 마켓이다. 초창기에는 전부 사입 의류만 판매했지만, 규모가 커지면서 '바이환메이드'라는 이름으로 자체 제작 상품도 판매하고 있다. 이미 나와 있는 디자인에 바이환만의 컬러를 추가해 출시하기도(도매상 및 브랜드에 의뢰하면 가능) 하고 자체 디자인으로 제품을 만들기도 한다. 생활용품을 주로 판매하는 **미홈**(@mihome_0228, 2만)도 공구로 시작했지만 이제는 자체 제작 상품도 선보인다. 자체 제작한 틈새 정리함인 싱크대 정리함이 주력 판매 상품이다. 공구를 하면서 살림에 관심 있는 많은 팔로워들이 생겼고 그들의 니즈를 연구해 '정리함'이라는 독자적인 영역을 구축했다.

팔로워 수의 진실

인스타그램 초기에는 인플루언서에 대한 인식이 명확하지 않아 팔로워 수가 많은 사람을 뭉뚱그려 '인플루언서'라고 표현했다. 팔로워 수가 많으면 그만큼 따르는 사람도 많다고 여겼던 시기여서 인스타그램을 하다 보면 팔로워나 '좋아요' 수를 늘려주는 마케팅 업체를 흔하게 볼 수 있었다. 소프트웨어를 이용해 숫자를 임의로 늘려주거나 일정한 돈을 받은 사용자들이 팔로우나 '좋아요'를 누르는 방식이다. 세계적인 경제지인《포브스》에서도 인스타그램 인플루언서들의 팔로워 수에 대한 우려를 표명했다. 지난 몇 년 동안 인플루언서들이 가짜 팔로워와 '좋아요'를 사고 본인들이 쓰지도 않는 제품을 홍보하는 등 인플루언서에 대한 신뢰가 떨어지고 있다는 것이다.[6]

이후 인스타그램 사용자가 많아지면서 인플루언서의 종류와 수가 급격히 늘어났다. 연예인과 같이 범접하기 어려운 선망의 대상부터 소통하고 공감할 수 있는 친근한 지인까지 스펙트럼이 다양하다. 이로 인해 인플루언서를 활용하는 브랜드들도, 인플루언서를 통해 정보를 얻고 제품을 사는 소비자들도 인플루언서를 정의하기가 어려워졌다. 예전처럼 팔로워 수로 정의하기에는 팔로워는 많은데 '좋아요'나 댓글의 수가 현저히 낮은 계정들이 있기 때문이다. 이는 팔로워를 샀을 경우 흔히 일어나는 일로 팔로워 수치 자체는 높지만 실제로 계정에 관심을 가지고 활동하는 사용자들이 없는 것이다. 또한, 팔로워 수와 팔로잉 수의 비율도 중요하다. 팔로우하는 사람보다 팔로잉하는 사람이 더 많다면 콘텐츠나 제품으로 팔로워가 늘어난 게 아니라 다른 계정을 팔로우해주는 것에 대한 대가로 팔로워를 늘렸을 수 있다. 예를 들어 팔로워가 1천 명, 팔로잉이 5천 명인 사용자라면 '선팔하면 맞팔(먼저 팔로우해주면 화답으로 팔로우해주는 것)' 등의 방식으로 팔로워를 늘렸을 확률이 높다.

그러므로 단순히 팔로워 수가 많다는 것만으로는 영향력을 가진 인플루언서라고 할 수 없다. 진정한 영향력이란 숫자로 정의되는 것이 아니라 특정 관심 분야에서 사람들의 신뢰를 얻고, 그 사람의 말과 행동을 믿고 따라 하고 싶어 하는 파급력을 의미한다. 즉, 인플루언서를 신뢰하고 인플루언서가 올린 콘텐츠에 공감하는 팔로워들이 많아야만 진정한 의미에서 영향력이 있다고 할 수 있다. 단순한 숫자가 아닌 팔로워가 어떻게 늘어났는지, 팔로워들이 인플루언서의 말에 얼마나 귀 기울이는

지, 인플루언서의 말이 팔로워에게 얼마나 큰 영향을 끼치는지가 중요하다.

전문가들 역시 인플루언서의 영향력을 가늠하는 가장 중요한 지표는 팔로워 수가 아닌 도달률이라고 말한다. 팔로워 수가 아무리 많다고 해도 콘텐츠를 봐주는 사람이 없다면 무용지물이다. 더구나 팔로워를 쉽게 돈으로 살 수 있는 시대이기 때문에 숫자는 더욱 신뢰가 가지 않는다. 실질적으로 얼마나 많은 사람들이 콘텐츠를 소비하는지가 관건이다. 도달률을 높이기 위해서는 앞서 이야기한 인게이지먼트, 즉 사용자들의 참여율이 높아야 한다. 2019년부터 인스타그램에서 '좋아요' 수를 보이지 않게 하는 서비스가 시작되었기 때문에 정량적인 팔로워나 '좋아요'에 지나치게 집착하기보다는 실질적인 영향력을 키울 수 있는 방법을 고민해봐야 한다.

아기자기한 소품들을 판매하는 **킴스콜렉트**(@kims_collect, 1,765)의 **나봄 계정**(@nan_nabom, 3,150)에는 3천여 명의 팔로워들이 있고, 오피셜 계정에는 2천여 명이 팔로워들이 있다. 팔로워수으로만 보면 많은 숫자는 아니지만, 그녀의 게시물에는 평균적으로 200~300개의 '좋아요'와 수십 개의 댓글이 달린다. '킴스콜렉트' 서포터스를 모집하는 게시글에는 100개가 넘는 댓글이 달리기도 했다. 팔로워가 몇천 명 이상인 계정들도 평균적으로 '좋아요' 수가 100~200개인 것과 비교해보면 그녀의 계정에는 주기적으로 방문하는 충실한 고객들과 '인친'들이 많다는 것을 알 수 있다. 곰돌이 모양의 물병, 예쁜 색감의 접시 등 품절 후 여러 차례 재입

고된 제품들이 많다는 것도 이를 뒷받침한다. 취향이 비슷한 사람들에게 인정받은 진정한 의미의 인플루언서라고 말할 수 있다.

지금은 마이크로 인플루언서가 대세

앞서 말한 돈이나 요행이 아닌 콘텐츠나 소통으로 팔로워를 늘렸다고 가정하면 인플루언서를 팔로워 수에 따라 세 가지 유형으로 구분할 수 있다. 수십만 명에서 수천만 명의 팔로워를 거느리고 있는 연예인이나 세계적으로 유명한 사람인 '메가 인플루언서', 유명 크리에이터들처럼 해당 분야에서만큼은 큰 파급력을 일으키며 수만 명에서 수십만 명의 팔로워를 가지고 있는 '매크로 인플루언서', 그리고 수천 명의 팔로워들과 지속적인 소통을 통해 끈끈한 관계를 유지하는 '마이크로 인플루언서'다. 최근에는 1천 명 이하의 팔로워를 가진 '나노 인플루언서'라는 말까지 등장했다.

최근 브랜드와 온라인 마케팅 회사에서 주목하고 있는 그룹은 '마이크로 인플루언서'다. 메가 인플루언서나 매크로 인플루언서가 제품이나 브랜드를 홍보하면 노출은 더 많이 되지만, 동질성과 신뢰성을 바탕으로 고객과 소통하기 위해서는 마이크로 인플루언서가 더 유리하다는 것이 업계의 지배적인 의견이다.[7] 기존의 인플루언서들이 범접하지 못할 연예인 같은 존재였다면, 마이크로 인플루언서들은 나의 관심 분야를 잘 알고 있는 '능력 있고 믿을만한 옆집 언니나 오빠(누나나 형)'로 생각되기 때문이다. 특정 관심사를 중심으로 모인 팔로워들은 긴밀한 네트워크를 이루고 있어 인플루언서에 대한 팔로워들의 충성도가 높고 같은 인플루언서를 팔로워 한 사람들끼리의 관계도 끈끈하다. 그래서 상대적으로 팔로워 수는 적지만 신뢰를 기반으로 한 커뮤니티가 형성되어 구매 전환율(실제 구매로 이어지는 비율)이 높다. 상품을 공급하는 기업 입장에서도 접근이 어렵고 광고료나 수수료를 지나치게 많이 줘야 하는 메가 인플루언서나 매크로 인플루언서보다는 브랜드에 대한 애정을 가지고 상품을 홍보하거나 판매해주는 마이크로 인플루언서를 점점 더 선호하는 추세다.

혹자는 세포마켓을 운영하려면 적어도 팔로워가 1만 명은 넘어야 한다고 생각한다. 이를 위해 홍보성 댓글을 달며 이리저리 다른 사람들의 계정을 기웃거리거나 돈을 주고 팔로워를 산다. 돈을 주고 구매한 팔로워들은 당연히 제품에는 관심이 없을 것이고, 기계적인 홍보는 장사꾼 이미지를 풍겨 오히려 잠재적 팔로워까지 잃게 만들 수 있다. 결국 팔로워가 늘어난다고 해도 팔로워들이 원하는 것과 세포마켓의 목적이 부합하지 않으면 실제 판매는 팔로워 수에 못 미치게 된다. 예를 들어 육아용품을 판매하는 인플루언서에게 수십만 명의 팔로워가 있다고 가정해보자. 그런데 팔로워들 중 대부분이 귀여운 아이 사진을 보러 오는 미혼의 이모 삼촌들이라면 육아용품 판매에는 그다지 도움이 되지 않을 것이다. 반대로 팔로워가 1만 명이 되지 않아도 육아용품에 관심 있고 정보를 공유하고자 하는 엄마 아빠들이 팔로워라면 예상했던 것보다 훨씬 더 많은 판매가 이뤄질 수 있다.

'바이도니'는 유아용품과 엄마들을 위한 제품을 판매하는 뜬이맘(@liammomjimi, 8,980)의 브랜드다. 엄마들 사이에서 입지를 다지고 있는 마이크로 인플루언서로 엄마들을 위한 의류, 아이들을 위한 장난감과 배변 훈련 도구 등 판매하는 품목도 다양하다. 그중 사다리 변기는 11차 공구까지 할 정도로 인기 품목이다. 그녀는 피드에 달리는 댓글에 꼼꼼히 답글을 달고, 팔로워들의 의견을 반영하여 제품을 찾고 판매를 계획한다. 다른 인플루언서들과의 차별화를 위해 팔로워들의 의견을 반영한 '바이도니'만의 독특한 제품들을 선보이기도 한다.

팔로워 수와 세포마켓의 관계

팔로워가 많다는 것은 오프라인 매장에 비유하면 유동 인구가 많다는 것이다. 즉, 강남역이나 명동에 매장을 내는 것과 비슷하다. 사실 돈으로 산 팔로워는 유동 인구에 포함조차 되지 않기 때문에 의미가 없다. 그런데 그들을 유동 인구에 포함시킨다고 해도 유동 인구가 많은 곳에 있는 매장에 오는 사람들이 전부 제품을 구매하는 것은 아니다. 반대로 유동 인구가 없는 한적한 곳에 매장을 낸다고 해서 꼭 망하는 것도 아니다. 최근에는 역세권이나 인기 있는 지역이 아니더라도 망원동, 익선동, 문래동과 같이 독특한 콘셉트를 가진 지역에 매장을 열어 성공한 사례들이 늘고 있다. 팔로워도 마찬가지다. 팔로워 수가 많다고 해서 그들이 전부 제품을 구매하는 건 아니다. 의미 없는 수백만 명의 팔로워보다 인플루언서를 진정으로 신뢰하고 따르는 단 100명의 팔로워만 있어도 수익을 낼 수 있다. 팔로워가 100명이라고 하면 적게 느껴질 수 있지만, 오프라인 매장을 생각해보면 100명의 잠재 고객은 절대 적은 숫자가 아니다. 더구나 세포마켓은 오프라인 매장에 비해 비용이 거의 들지 않기 때문에 매출이 일어나는 순간 바로 이익이 발생한다. 믿어주는 단 몇 명의 팔로워만 있어도 사업을 시작할 수 있는 충분한 밑천이 된다.

최근에는 세포마켓 시장이 커짐에 따라 팔로워 수가 많지 않은 마이크로 인플루언서나 나노 인플루언서에게도 기회가 생기고 있다. 인플루언서들에게 제품을 대주는 공구 마케팅 업체들이 많아졌고, 인플루언서들을 통해 제품을 판매하고자 하는 브랜드들도 늘어났다. 제품부터 주문서, 결제까지 전부 대행해주는 인플루언서 판매 플랫폼들도 생겼다. 사업자등록증만 있으면 온라인으로 동대문 의류를 구매한 뒤 택배로 받아볼 수 있게 해주는 앱들도 있다.

인스타그램을 통해 다른 엄마들과 육아에 대한 정보를 공유하던 **나윤맘**(@sorimi_sugar, 1,579)은 최근 유아용품을 판매하는 '쏘나마켓'을 시작했다. 육아와 병행하기 때문에 제품을 선택하면 결제, 주문, 배송까지 일괄적으로 담당해주는 서비스들을 이용한다. 아직 팔로워가 많은 편은 아니지만 비슷한 성장 단계에 있는 아이들을 키우는 엄마 팔로워들이 많다 보니 판매 수량이 생각보다 많은 편이다. 세포마켓을 시작하기 전부터 활발하게 소통하던 팔로워들이 많았기 때문에 가능한 일이다. 제품을 판매하고 있는 지금도 인친들과의 소통을 게을리하지 않으려고 노력한다. 여전히 공감 가는 이야기들을 많이 공유해주는 덕분에 많은

출처: @sorimi_sugar

쏘나마켓의 공감 콘텐츠

출처: @드레수진 스마트 스토어

드레수진 스마트 스토어

엄마들이 정기적으로 방문하고 댓글을 단다.

박수진 씨도 최근 **드레수진**(@dressujin, 3,235)이라는 이름으로 의류 판매를 시작했다. 개인 기록용으로 사용하던 인스타그램을 홍보용 창구로 이용하고, 신상마켓 앱과 스마트 스토어를 이용해 도매상에게 제품을 주문하는 방식으로 판매하고 있다. 스마트 스토어는 네이버와 연계된 판매 플랫폼이지만, 90%가 넘는 고객들이 인스타그램을 통해서 유입되고 있다. 인스타그램에 사진을 올리는 것이 홍보의 전부인데도 인기가 많은 가방은 하루에도 몇 개씩 판매가 된다.

팔로워 수에 연연하지 않는 진정한 마이크로 인플루언서

#핵심은 소통이다

나노 인플루언서나 마이크로 인플루언서처럼 팔로워 수가 많지 않으면 오히려 각각의 고객에게 더 많은 투자가 가능하기 때문에 충성고객을 만들기 쉽다. 처음부터 메가 인플루언서와 같은 성공을 바라면 안 되지만, 꾸준히 소통하다 보면 원하는 결과를 얻게 될 것이다.

창업 당시 2천 명 정도의 팔로워로 시작한 여우마켓은 이후 1년 동안 팔로워가 꾸준히 늘면서 현재 6천 명이 넘는 팔로워들이 있다(2020년 1월 기준). 팔로워가 기하급수적으로 늘지는 않았지만, 매출은 꾸준히 늘고 있으며 육아 전반에 대한 여우마켓의 의견과 정보를 믿고 따르는 단골고객들이 많이 생겼다. 첫 판매에서 전혀 수익을 내지 못했던 여우마켓은 현재 월 수천만 원에 이르는 매출을 올리며 1년 만에 규모가 3~4배로 성장했다. 타 계정을 방문하여 홍보성 댓글을 남긴 적도 없고, 돈을 주고 팔로워를 사지도 않았다. 캐릭터에 맞는 콘텐츠와 제품 판매, 그리고 활발한 소통만으로 팔로워가 증가한 것이라 자부한다.

#고객과의 관계

세포마켓에서는 팔로워가 고객이 된다. 제품을 검색해서 일회성으로 사는 경우도 있지만 주로 신뢰를 기반으로 구매하기 때문에 그럴 확률은 낮다. 여기서 명심할 점은 팔로워와의 관계와 고객과의 관계는 다르다는 것이다. 팔로워는 나의 콘텐츠를 무료로 소비하는 사람이지만, 고객은 본인의 돈을 지불하고 내가 고르고 제안하는 제품을 실질적으로 구매하는 사람이다. 후자를 만족시키려면 더 많은 시간과 노력이 필요하다.

많은 거래처들이 여우마켓을 소비자와 판매자의 관계가 좋은 마켓이라고 이야기한다. 메가 인플루언서나 매크로 인플루언서의 세포마켓과 비교하면 높은 판매량은 아닐지 몰라도 지인이나 아는 언니처럼 제품을 소개해주고 신뢰와 소통으로 고객과의 관계를 구축하고 있다. 제품에 대한 설명을 상세히 한다는 것도 긍정적인 평가를 얻어내는 데 한몫했다. 특히 엄마들이 궁금해 할만한 점들에 대해서는 꼭 상세하게 적는다. 모든 사람이 읽어보는 것은 아닐지라도 제품에 대해 자세히 알고 정보를 공유하는 것이 실제 구매자에게는 가장 중요한 부분이기 때문에 이는 항상 실천하려고 노력한다. 영문 원서를 판매할 때는 영어로 읽은 파일을 함께 공유하고 교구를 활용하는 다양한 방법을 라이브 방송으로 보여준다. "무조건 사라"는 말보다는 "모든 정보를 잘 살펴보고 꼭 필요하면 사라"고 조언한다. 충동구매를 부추기는 '최저가', '한정품' 등의 단어를 이용한 마케팅이나 홍보도 많이 하지 않는다.

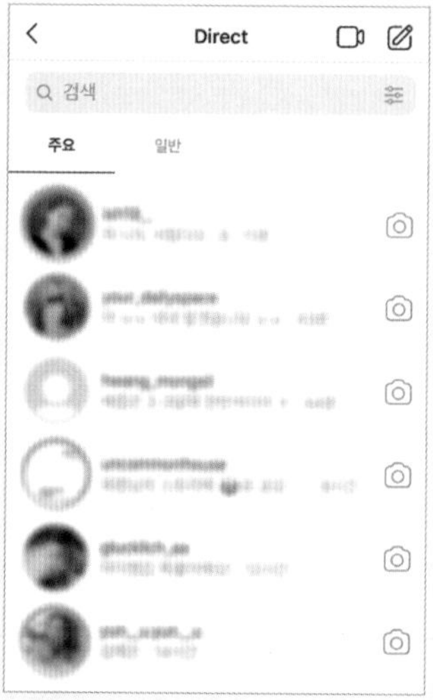

DM으로 소통

또한 되도록 모든 댓글에 답을 하며, DM으로 오는 문의도 꼭 응대하려고 노력한다. 고객 문의나 컴플레인도 그날그날 빠르게 해결한다. 상대적으로 적은 팔로워들을 상대로 판매를 하는 만큼 더 친절하고 신속하게 대응하려고 노력한다. 나에게 제품을 구매하는 사람들은 '나'를 믿고 구매하는 사람들이기 때문에 그 믿음에 보답하고 싶은 마음이 크다.

#다른 세포마켓과 인친들과의 관계

세포마켓은 고객만큼이나 다른 여러 세포마켓들과의 관계가 중요하다. 그렇기 때문에 이동하는 시간이나 아들을 재우고 난 밤에는 인친들의 계정이나 여우마켓과 유사한 성격을 가진 계정에 방문해 '좋아요'를 누르고, 댓글을 달고, 제품도 구매한다. 소통하는 인친 중에 한동안 방문하지 않은 사람의 피드가 있는지 확인하고 되도록 주기적으로 방문하려고 한다. 계정을 방문하면 상대의 뉴스피드 상단에 내가 나타날 확률이 높아지므로 활동을 하면 할수록 방문자가 올라가고 게시물이 노출될 확률이 높아진다. 이뿐만 아니라 타인의 인스타그램을 활발히 방문하면 새로운 정보도 얻을 수 있다. 그렇다고 해서 똑같은 댓글을 복사해서 붙이거나, 진정성 없는 댓글을 기계적으로 달면 금세 미움을 받고 말 것이다. 인스타그램은 온라인 속 세상이지만 오프라인에서 맺는 인간 관계와 유사하다. 오프라인에서 친구를 사귀는 마음으로 관계를 맺어야 한다.

#거래처와의 관계

마이크로 인플루언서는 메가 인플루언서나 매크로 인플루언서처럼 대기업의 물건을 판매하거나 수익률이 높지 않을 수 있지만, 진행하는 제품 종류나 판매량이 상대적으로 적기 때문에 구매자들뿐 아니라 거래처와도 더 친밀하게 소통할 수 있다. 이 점을 이용해 제품을 제공해주는 공구 마케팅 회사, 도매업자, 수입업체, 그리고 브랜드사와 긴밀하게 소통하는 게 중요하다. 일반적으로 공구는 서면 계약서 없이 진행되므로 인플루언서와 거래처 간의 소통과 신뢰가 기본이 되어야 한다. 게다가 대개의 거래처에서는 많은 인플루언서들에게 제품을 공급하기 때문에 업계 동향이나 최신 제품을 잘 아는 경우가 많다. 거래처와 관계를 잘 맺으면 새로운 제품이 나오거나 알아야 할 정보가 있을 때 귀띔을 해주기도 한다. 세포마켓은 결국 관계를 바탕으로 행해지는 1인 자영업이다. 다양한 사람들과 여러 방면에서 관계를 잘 유지하지 못하면 금세 도태되고 말 것이다.

여우마켓에서 판매하는 제품들은 대부분 먼저 연락해서 판매를 시작했지만 다양한 제품이 있는 거래처들에서 먼저 제안한 경우도 있다. 관계를 맺은 거래처들 중에서는 신제품이 나오면 먼저 연락을 주기도 한다. 굳이 제품 이야기가 아니더라도 주기적으로 안부를 묻고 사담을 나누는데, 이야기를 나누다가 함께 새로운 제품 아이디어를 구체화한 적도 있다. 이처럼 거래처와 긴밀하게 소통하다 보면 제품과 관련해서 많은 정보를 얻을 수 있다.

좋은 거래처의 조건

- 질문이나 문제가 있을 때 답을 신속하게 하는가?
- 제품에 대한 충분한 지식과 정보가 있는가?
- 고객을 대하는 가치관이 나와 맞는가?
- 배송 기한, 제품 품질, 가격 등 약속을 잘 지키는가?
- 문제가 생겼을 때 사후 처리가 매끄러운가?

이미지 컨설턴트가 추천하는 화장품 #이미지바이컬러

@__seunga.y, 1만 팔로워

유승아 씨는 인스타그램을 통해 많은 또래 여성들과 소통하고 있다. 그녀는 예술경영 대학원을 다니면서 결혼 준비를 했고, 예쁜 외모와 행복한 결혼 생활, 그리고 당당하고 열심히 사는 모습을 보여주며 많은 젊은 여자들에게 호감을 샀다. 대학원 졸업 후 'Image By Color'라는 회사를 차리고 이미지 컨설턴트로 활동 중이다. 메이크업이나 헤어와 같이 외적인 이미지에 대한 조언을 많이 해주는데, 일을 하다 보니 많은 고객들이 피부의 기본이 되는 스킨 케어 제품에 관심이 많다는 것을 알게 되었다. 고객들에게 좋은 제품을 추천해주기 위해 직접 제품을 찾아 사용해보고 공유하면서 자연스럽게 세포마켓을 시작하게 되었다.

주력 제품은 20~50대 여성들에게 어필하는 스킨 케어 제품들이다. 공구 제품을 판매할 때는 제안이 들어온 브랜드들 중에 신중하게 골라 3개월 이상 직접 사용해본 뒤 판매한다. 본인이 직접 제작한 제품을 판매하는 것은 아니지만, 제품에 대한 확신 없이는 추천하지 말아야겠다는

출처: _seunga.y

개인 계정

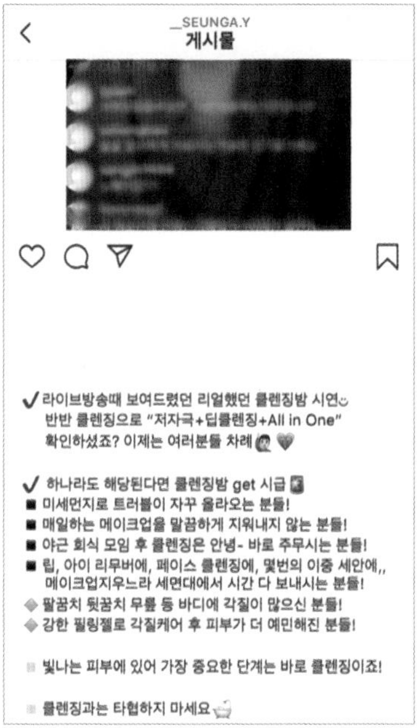

라이브 방송을 이용한 소통

생각으로 꾸준히 사용해보고 판매하기 때문에 제품의 장단점을 명확하게 파악하고 있다. 브랜드 측에서 고객관리를 담당해주지만 팔로워들이나 고객들의 이야기에 귀를 기울이며 긴밀하게 소통하려고 노력한다. 그녀의 세포마켓은 광고를 하거나 홍보성 댓글을 남긴 적 없이 판매가 꾸준히 증가하고 있다.

그녀가 마이크로 인플루언서로서 가장 중요하게 생각하는 부분은 '진정성'과 '소통'이다. 사람들의 마음을 얻는 일은 늘 정직하고 진실해야 장기적으로 생존이 가능하다고 믿기 때문이다. 세포마켓은 큰 투자

없이 시작할 수 있지만 모든 콘텐츠를 직접 제작하고 본인의 얼굴을 걸고 제품을 파는 일이므로 많은 정성과 노력이 필요하다고 강조한다. 마지막으로 개인적인 소통을 바탕으로 판매가 일어나기는 하지만, 결국에는 돈을 지불한 '소비자'들을 대하는 일이니 제품 판매 후의 사후 관리도 놓쳐서는 안 된다고 당부한다. 결국 인플루언서는 사람이 만들어주는 것이다. 사람들의 마음을 얻는 것이 가장 기본이라는 점을 잊지 않으려고 노력한다.

알고 보면 간단한 사업자 등록 과정

✓ 인스타그램 프로페셔널 계정으로 전환하기

- **계정 전환:** 인스타그램 계정 오른쪽 상단 세 줄 모양 아이콘 클릭 → 설정 → 계정 → 프로페셔널 계정으로 전환→ 페이스북에서 '비즈니스 페이지'를 만들어서 인스타그램과 연결한다.
- **광고:** 인스타그램 광고는 본인이 원하는 광고를 집행할 수 있는 서비스로 1인 세포마켓도 충분히 활용 가능하다. 프로페셔널 계정만 사용 가능하고, 가격은 적게는 몇천 원부터 시작한다.
- **추이 확인:** 인사이트를 통해 반응, 프로필 방문, 웹사이트 클릭, 발견, 도달, 노출 등 인스타그램 사용자들과 팔로워들의 행동 패턴을 파악할 수 있다.

✓ 사업자 등록하기

- **사업자 등록:** 부가가치세법상 사업자란 사업 목적이 영리이든 비영리

이든 관계없이 사업상 독립적으로 재화 또는 용역을 공급하는 자를 말한다. 사업자는 사업장마다 사업 개시일부터 20일 이내에 사업장 관할 세무서장에게 사업자 등록을 신청해야 한다. 다만, 신규로 사업을 시작하려는 자는 사업 개시일 이전이라도 사업자 등록을 신청할 수 있다. 신청은 사업자 등록신청서만 제출하면 가능하고 사업장을 실제 임대해서 사용한다면 임대차계약서 사본도 필요하다. 사업자 등록을 하지 않으면 추후 가산세가 나오고 등록하지 않고 판매한 제품에 대해서는 공급금액의 1%를 가산세로 내야 한다. 매입한 금액의 부가세인 매입세액은 사업자 등록을 해야만 공제 가능하다.

- **간이과세자:** 간이과세자란 직전 연도의 재화와 용역의 공급에 대한 대가(부가가치세 포함)가 4,800만 원에 미달하는 소규모 개인사업자를 말하며 예상 매출과 상관없이 최초 과세 연도는 간이과세자로 신고할 수 있다. 일반과세자보다 간이과세자는 업종별 부가가치세율을 고려해 낮은 부가세를 납부하므로 최초 사업자 등록 시에는 간이과세자로 등록하는 편이 세금 부담도 적고 세금계산서 발행 의무도 없어 간편하다.
- **간이과세자에서 일반과세자로 전환:** 간이과세자가 연 환산 매출액이 4,800만 원 이상이면 그 이상이 되는 해의 다음 해 7월 1일부터 일반과세자로 전환된다.

CHAPTER 3

나도 이제
어엿한 사업자

준비하기

나만의 캐릭터 만들기

"배신하는 기린, 얍삽한 메뚜기, 그리고 스파르타를 외치며 힘으로 모두를 굴복시키려는 호랑이"

〈동물농장〉에 등장하는 동물들이 아니다. SBS 예능 프로그램 〈런닝맨〉에 나오는 이광수, 유재석, 그리고 김종국의 '캐릭터'다. 〈런닝맨〉은 2010년 7월에 첫 방송을 시작으로 2013년 1월부터 현재까지 한국 갤럽에서 조사한 '한국인이 가장 좋아하는 프로그램' 순위에서 단 한 번도 10위권 밖으로 떨어져본 적이 없다. 요즘은 외국에서 더 선풍적인 인기를 끌고 있으며 만화, 뮤지컬, 게임 등 다양한 콘텐츠로 그 범위가 확장되었다. 예능 프로그램이 굿즈(특정 브랜드나 연예인, 프로그램 등이 출시하는 관련 기획 상품) 외 다른 콘텐츠로까지 범위가 확장된 경우는 많지 않다. 처음부터 캐릭터 게임 예능을 표방하며 다른 예능 프로그램들과 차별화를 꾀한 게 〈런닝맨〉의 성공 요인으로 꼽힌다. 시청자는 프로그램을 볼 때마다 각 캐릭터의 예측 가능한 행동과 그 안에서의 변칙성을 즐긴다. 캐릭터에 대한 이해만 있으면 오랜만에 〈런닝맨〉을 봐도 각각의 캐릭터가 일관성 있게 지속되어 시청자들을 편안하게 한다. 〈런닝맨〉의 성공은 콘텐츠가 가진 캐릭터의 색깔이 얼마나 중요한지를 보여준다. 성공한 세포마켓 역시 팔로워들이 공감하고 따르는 '캐릭터'가 존재한다.

세포마켓을 위한 STP

마케팅 관련 책을 한 번쯤 읽어본 사람이라면 STP에 대해서 들어본 적 있을 것이다. 시장을 몇 가지 기준에 의해 동질적인 세분시장으로 구분하는 시장 세분화segmentation, 세분화된 시장 중 공략할 세분시장을 선택하는 표적시장 선정targeting, 그리고 표적시장에서 경쟁자와 차별화된 이미지를 만들어내는 포지셔닝positioning이 그것이다. STP 전략은 매우 유용한 도구이기는 하지만, 관련 업무를 하는 사람들조차 실제로 어떤 기준으로 시장을 세분해야 하는지, 어떤 시장을 표적시장으로 삼아야 하는지, 표적시장에는 어떻게 접근해야 하는지 그 기준을 만들기가 어렵다.

전통적인 판매업에서도 특히 영세 자영업자는 STP를 시도하는 것조차 힘들다. 규모가 크고 마케팅 예산이 넉넉한 회사에서는 다양한 시장을 세분화하여, 가장 중요한 표적시장을 정하고, 선정된 시장에 맞게 광고, 홍보, 판촉을 하는 것이 가능하다. 하지만 소규모 소매점은 마케팅을 제대로 할 예산이 얼마 되지 않을뿐더러 표적시장을 고르기도 어렵다. 표적시장을 정했다고 해도 표적시장의 고객들이 쉽게 접근할 수 있는 곳에 매장을 내는 것은 현실적으로 제약이 많다.

의류 자영업자가 있다고 가정해보자. 의류시장을 세분화해 보니 20대 의류, 그중에서도 스트리트 패션(길에서 쉽게 볼 수 있는 패션 스타일)이 인기가 많아 이러한 스타일을 선호하는 사람들을 표적시장으로 정했다. 표적시장을 기준으로 잠재 고객들이 많이 찾는 곳을 찾아보니 홍대와 이태원으로 나왔다. 그럼 이제 표적시장에서 경쟁우위를 차지하기 위해 홍대나 이태원에 매장을 내고 취향에 맞게 인테리어와 제품을 준비하면 된다. 과연 현실에서는 어떨까? 잠재 고객이 많이 모이는 장소는 대부분 임대료가 비싸 매장을 내는 것부터 어렵다. 매장을 낸다고 해도 포지셔닝이 저절로 되는 것이 아니기 때문에 SNS나 블로그를 통해 표적시장의 고객들과 소통할 수 있는 방법을 찾아야 한다. 결국 오프라인 매장은 매장대로, 온라인 마케팅은 마케팅대로 이중의 자원과 비용이 든다. 더구나 초기에 들어간 비용이 많아 이미 정한 장소나 판매품목을 변경하기도 어렵다.

반면, 인스타그램 세포마켓은 STP 마케팅 전략을 수행하기에 용이하다. 인스타그램은 페이스북처럼 오프라인 친구를 온라인으로 확장하는 개념이 아니라, 사용자가 선호하는 관심사와 취향을 매개로 정보와 인간관계를 확장할 수 있도록 설계된 '관심에 기반한' SNS다. 예를 들어 집에서 커피와 디저트를 즐겨 먹는 '홈카페'에 대한 관심이 높은 인스타그램 사용자가 있다고 하자. 그는 좋아하는 홈카페 콘텐츠를 올리고 관련성 있는 해시태그(#홈카페, #티타임, #온더테이블, #홈베이킹 등)를 검색하거나 추천 콘텐츠를 통해 비슷한 콘텐츠를 찾아본다. 유용한 콘텐츠라는 생각이 들면 그 계정을 팔로우하고 댓글이나 '좋아요' 등으로 관심을 표현한다. 관심사가 유사한 다른 사용자들도 같은 방식으로 그의 계정에 유입되기 때문에 비슷한 관심사를 가진 사람들이 매력적으로 느끼는 콘텐츠가 많다면 이러한 일련의 과정을 통해 팔로워가 증가하고, 인기 게시물이나 탐색 화면에 더 자주 오르내리게 된다. 따라서 인플루언서는 비슷한 관심사와 취향을 가진 사람들이 선택한 인정받은 사람이라 할 수 있다.

마케팅의 거장 피터 드러커는 "마케팅의 목표는 소비자를 완벽히 알고 이해해서 저절로 제품이나 서비스가 팔리게 하는 것이다"라고 말했다. 특정 분야에서 인플루언서의 지위를 얻게 된 사용자가 세포마켓을 시작하면 비슷한 관심사를 가진 팔로워들을 이미 보유하고 있기 때문에 STP 전략의 절반은 성공한 것이다. 다시 말해, 타깃층이 명확하고 그들과 소통할 수 있는 채널이 확보되어 있다면 그들에게 의미 있는 상품을 찾아 공급만 하면 되니 이미 성공적으로 마케팅을 시작한 셈이다. 초창기에 표적시장을 넓게 정의했더라도 판매를 거듭하면서 시장을 더 세분화할 수 있고, 고객들의 니즈에 따라 제품을 변경하는 등 상황에 유연하게 대처할 수 있다.

전통적인 판매업과 인스타그램 세포마켓이 STP 마케팅 전략을 활용하는 데 있어 이러한 차이를 보이는 이유는 시작부터 다르기 때문이다. 전통적인 판매업은 판매할 제품을 정하는 게 우선이지만 세포마켓은 그렇지 않다. 오프라인 매장의 경우, 고객 확보 없이 시장을 세분화하고 표적시장을 정한 후 거기에 맞는 제품을 선정해 사업을 시작한다. 물론 세포마켓도 처음부터 판매할 제품을 전면에 내세울 수 있다. 하지만 제품이 눈에 띌 정도로 매력적인 것이 아니라면 관심 있는 사람들을 끌어모으기 쉽지 않다. 판매자에 대한 신뢰와 공감에서 구매가 이뤄지는 세포마켓은 처음부터 상업적인 느낌이 나면 거부감이 들어 팔로워를 늘리는 것부터 어려워진다. 팔로워들과의 소통이나 공유 없이 제품만 팔려고 하면 낭패를 보기 쉽다.

고급 원단을 사용한 여성스러운 의류를 팔고 싶다고 가정해보자. 우선 여성스럽고 고급스러운 취향을 가진 사람들이 모일 때까지 제품을 판매하지 않고 취향만 공유해도 무방하다. 일관성 있게 관련 콘텐츠를 공유하다 보면 비슷한 취향을 가진 사람들이 모이게 되고, 이들이 곧 팔로워가 된다. 팔로워, 즉 잠재 고객들과의 소통을 통해 그들의 취향과 관심사를 파악하고, 거기에 맞게 판매할 제품을 다각도로 고민하면 된다. 여기서 상호 간에 공감과 신뢰가 쌓이면 팔로워들에게 제품을 구매하고자 하는 욕구가 생긴다. 쉽게 말해, 피드에 올리는 소장품들의 구매처나 브랜드에 관한 관심과 질문이 많아진 후 제품을 판매하면 팔로워들을 더 쉽게 구매자로 전환할 수 있다.

전통적인 오프라인 판매업

- 시장을 세분화하고 표적시장을 선정한 뒤 판매 품목을 정한다.

- 해당 품목이 팔릴만한 장소를 물색한다. (혹은 장소를 먼저 정하고, 장소에 맞는 품목을 고른다.)
- 품목과 업종에 맞게 인테리어를 한다.
- 잠재적 소비자층을 고려해 구색에 맞게 제품을 구비한다.
- 잠재적 소비자들에게 홍보한다.

SNS 기반 세포마켓

- 나의 취향과 관심사를 표현한다.
- 비슷한 취향과 관심사를 가진 팔로워들과 소통한다.
- 팔로워들, 즉 표적시장이 좋아할만한 다양한 제품을 공유하고 피드백을 받는다.
- 표적시장에 맞는 제품을 (공급해줄 업체나 브랜드를 찾아서) 판매한다.

세포마켓의 핵심은 사람이다. 상품보다 '팔로워'가 우선이다. 시장 세분화 논리에 따라 동질적인 선호나 기호를 가진 팔로워들이 많을수록 마케팅에 훨씬 유리하다. 세포마켓을 염두에 두고 인스타그램을 시작한 경우에는 어떤 특성을 가진 팔로워들을 모을지 사전단계부터 고민해보는 게 좋다. 단, 그 고민의 시작점은 자신이 되어야 한다. 자신의 관심과 아이덴티티를 분석한 다음 지향하는 철학과 가치관, 그리고 개성이 드러나는 콘텐츠를 바탕으로 피드를 만들어나가면 비슷한 생각과 가치를 가진 사람들이 모이기 마련이다. 인스타그램을 시작하기 전에 다음과 같이 내면의 목소리를 들어보자.

- 나는 누구인가?
- 나는 무엇을 추구하는가?
- 나는 어떻게 살고 싶은가?
- 나만의 개성은 무엇인가?
- 나는 무엇을 좋아하는가?

란쥬(@ranzoooo, 3.6만)는 살림에 관심이 많다. 어떻게 하면 살림을 잘 할 수 있을지 늘 고민한다. 살림은 그녀의 아이덴티티를 구성하는 중요 요소다. 당연히 그녀의 세포마켓에서는 그녀의 고민이 담긴 세탁조 클리너, 내열 유리 용기, 수납함, 프라이팬, 전선 정리 박스 등 살림에 필요한 제품을 판매한다. 피드를 보면 싱크대 청소법, 에어프라이어 사용법, 냉장고 정리법 등 각종 살림 팁은 물론 판매하는 제품들이 아니더라도 좋은 제품에 대한 사용 후기나 구매처 등 표적시장이 관심 있어 할만한 다양한 정보를 올린다. 살림 팁을 얻고 싶어서 팔로우한 사람들은 그녀가 올리는 정보를 자신의 살림에 적용해보고 자신이 사용해본 제품이나 경험을 공유하며 그녀에게 자연스럽게 신뢰감을 형성한다. 그리고 이는 구매로 이어진다.

표적시장을 대표하는 캐릭터, 인플루언서

많은 기업들이 브랜드 캐릭터를 만들기 위해 브랜드에 사람과 같은 고유의 개성을 부여하는 브랜드 퍼스낼리티brand personality에 공을 들이고 있다. 일반적으로 브랜드에는 다섯 가지 정도의 특성을 부여할 수 있는데 진정성, 흥분, 경쟁력, 고급스러움, 투박함이 있다.[1] 이는 미국의 유명 SNS 마케팅 관리 회사인 스프라우트 소셜Sprout Social이 조사한 "SNS 사용자들은 정직하고, 친절하고, 도움이 되고, 재미있고, 트렌디한 브랜드를 원한다"는 결과와 맞닿아 있다.[2]

인스타그램 세포마켓은 개인 계정에서 시작해 상업화되는 경우가 대부분이다. 그렇기 때문에 브랜드에 사람과 같은 성격을 부여할 필요 없이 세포마켓 운영자인 '인플루언서', 즉 사람 그 자체가 브랜드가 된다. 인플루언서는 이미 그 사람의 외모, 특징, 취미, 취향, 관심사가 반영되어 캐릭터가 만들어졌기 때문에 세포마켓의 브랜드 캐릭터는 일반적인 브랜드 캐릭터보다 더 강력하고 설득력이 높다. 게다가 제품과 브랜드를 대표하는 캐릭터이자 고객들과 브랜드가 소통하는 매개체 역할까지 함께해 같은 취향과 관심사를 가진 고객들의 마음을 사로잡는 중요한 열쇠가 된다.[3]

그러므로 개인 계정이 세포마켓으로 자연스럽게 연결되려면 인플루언서가 표적시장의 '대표'가 되어야 한다. 인플루언서는 표적시장의 취향, 좋아하는 제품, 가고 싶어 하는 장소 등을 공유하면서 표적시장을 대표하는 상징성을 띠게 되는 것이다. 세포마켓의 피드가 판매하는 제품으로 넘쳐날 필요가 없는 이유도 여기에 있다. 오히려 판매하는 제품만 넘쳐나면 팔로워들의 관심을 잃게 될지도 모른다.

아보드(@abode.kr, 6.1만)는 피노키오 모양의 깔때기, 바나나 프린트가 가득한 돗자리, 무지개 모양의 러그 등 알록달록하고 키치한 소품들을 판매한다. 사진만 봐도 아보드 특유의 재미있고 트렌디한 브랜드 캐릭터가 피드 곳곳에 묻어난다. 피드에는 판매 제품만 있는 게 아니라 알록달록한 제품을 이용한 인테리어 사진들도 많은데 이러한 사진들 역시 아보드가 가진 브랜드 캐릭터를 잘 보여준다. 그래서 아보드 계정은 이런 아보드만의 캐릭터가 담긴 소품을 구매하길 원하는 사람들이 주로 팔로우한다.

일관성 있는 캐릭터 만들기

그렇다면 기억에 남는 캐릭터를 만들기 위해 가장 중요한 것은 무엇일까? 바로 톤앤드매너tone and manner(하나의 컨셉트)다. 즉, 캐릭터에 맞는 콘텐츠를 일관성 있고 지속적으로 보여주는 것이다. 세포마켓은 결국 인플루언서의 취향, 관심사, 세계관에 공감하는 팔로워들이 잠재 고객이므로 인플루언서, 콘텐츠, 그리고 판매하는 제품이 하나의 캐릭터로 묶일 수 있어야 한다. 블랙앤드화이트의 깔끔한 인테리어를 좋아하면 관련 사진을 올리고 블랙이나 화이트 소품을 판매해야 하고, 오랫동안 육수를 끓이고 정성을 다하는 식사에 대한 철학이 있다면 그런 요리를 할 수 있게 도와주는 제품을 판매하는 것이 좋다. 콘텐츠가 일관성 있으면 팔로워가 오랜만에 피드를 방문한다고 하더라도 기대했던 콘텐츠를 볼 수 있다. 관심과 취향 때문에 피드를 팔로우하던 이들이 곧 세포마켓의 고객이 된다.

일관적인 톤앤드매너를 가진 캐릭터가 되기 위해서는 네이밍을 하는 것이 가장 기본적인 방법이다. 기억에 쉽게 남고, 캐릭터를 잘 표현하며, 캐릭터와 판매하는 제품을 하나로 아우를 수 있고, 해시태그로 검색했을 때 많이 나오지 않는 이름이어야 유리하다. 해시태그 검색 시 같은 이름을 사용하는 모든 게시물이 함께 보이기 때문에 이곳저곳에서 많이 사용하는 이름은 효과가 없다. 세포마켓의 이름, 인플루언서의 이름, 그리고 인플루언서가 팔로워들을 부르는 애칭까지 있으면 의사소통에도 도움이 된다.

인스타그램은 피드만 봐도 인플루언서가 어떤 삶을 사는지 알 수 있다. 좋아하는 색은 무엇인지, 가족 관계는 어떤지, 오늘 어떤 음식을 먹었는지, 생일에는 무슨 선물을 받았는지 자신의 일상을 세세하게 기록하기 때문이다. 그러므로 인스타그램 세포마켓은 일상의 이야기와 제품이 맞물려야 한다. 공유되는 일상 안에 제품이 자연스럽게 자리하면 더 효과적으로 제품을 알리고 판매할 수 있다. 물론 모든 이야기가 다 효과적인 건 아니다. 사람들이 읽고 공감하는 부분은 인플루언서의 캐릭터가 담겨 있는 자신의 이야기이다. 인스타그램 세포마켓에서는 그런 이야기가 홍보와 마케팅의 원천이 된다. 제품을 직접적으로 홍보하기보다는 재미있고 흥미로운 이야기를 통해 간접적으로 홍보하는 방식이다. 이는 정서적인 공감을 일으켜 더 오랫동안 소비자들의 기억에 남고 인플루언서에게 일관성 있는 캐릭터를 부여한다.

팔로워가 많은 인플루언서들의 공통점도 자신만의 이야기가 있다는 것이다. 그들의 이야기는 시간을 할애하여 피드에 방문하고, 관심을 가지고 댓글을 달 정도로 재미있고 흥미로우며 더 알고 싶게 만든다. 그리고 그런 이야기에 판매하는 제품들이 자연스럽게 녹아들었을 때 가장 효과적인 마케팅이 이루어진다.

'미니모어'를 운영하는 **장미니**(@jangmini, 20만)는 아름답게 나이 먹어가기 위해 노력하는 모습을 당당히 드러낸다. 운동을 하고 피부 관리를 받으며 여행을 다니거나 맛있는 음식을 먹는 긍정적이고 건강한 생활을 피드에서 보여준다. 이를 따라가다 보면 그녀의 일상생활을 함께하는 느낌이 든다. 그녀의 세포마켓에서는 의류, 신발, 가방, 화장품 그리고 다이어트 식품까지 다양한 품목을 판매하지만 모든 제품이 그녀의 라이프스타일과 함께하며 자연스럽게 사진에 담기기 때문에 어색함이 없다.

여우마켓 캐릭터는 똑소리 나는 워킹맘

#캐릭터는 팔로워의 공감으로 만들어진다

캐릭터를 만든다는 것은 없는 것을 '지어내는 것'이 아니다. 본인에게 없는 면을 가짜로 꾸며서 지어내려고 하면 오래가지 않아 진정성이 의심받을 것이다. 좋은 캐릭터를 구축하기 위해서는 본인이 가진 것 중 다른 사람들이 공감할 수 있는 매력적인 부분을 선정하여 일관성 있게 소통해야 한다.

여우마켓은 아들이 6개월쯤 되었을 때, 2천여 명의 팔로워가 있는 상태에서 시작했다. 인스타그램을 본격적으로 한 것은 결혼을 준비하면서부터였으니, 약 1년 동안 꾸준히 소통한 결과다. 대개의 팔로워들은 나와 관심사나 생애주기가 비슷하다. 엇비슷한 시기에 결혼을 준비했던 사람들이라 비슷한 시기에 임신과 출산을 경험했다. 여우마켓을 시작하기 이전에는 판매를 위한 계정이 아니었기 때문에 일관적인 콘텐츠를 만들려고 노력한 것은 아니었지만 자연스럽게 나의 취향과 관심사가 피드 곳곳에 묻어났다. 왜 자연주의 출산을 하게 되었는지, 육아와 일을 병행하는 것이 얼마나 힘든지, 그 사이에서 어떻게 균형을 찾아가는지에 대해 공감하는 사람들이 대부분이었다. 이러한 그들의 공감을 통해

'똑소리 나는 워킹맘'이라는 캐릭터가 만들어졌다.

#경험을 공유하라

캐릭터를 만드는 걸 어렵게 생각하지 않아도 된다. 세포마켓의 캐릭터는 곧 '나'이기 때문에 내가 캐릭터로 부각하고 싶은 면들과 연결된 경험들을 진솔하게 공유하면 된다. 일상 전체를 맥락 없이 공유하는 것보다는 팔로워들이 공감할만한 캐릭터가 드러나는 경험들을 공유하는 것이 좋다. 그리고 그런 이야기가 흥미롭고 매력적으로 전달되면 된다.

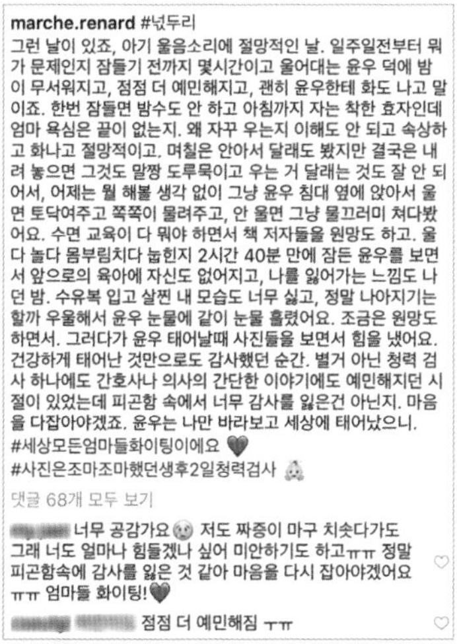
marche.renard #넋두리
그런 날이 있죠, 아기 울음소리에 절망적인 날. 일주일전부터 뭐가 문제인지 잠들기 전까지 몇시간이고 울어대는 윤우 덕에 밤이 무서워지고, 점점 더 예민해지고, 괜히 윤우한테 화도 나고 말이죠. 한번 잠들면 밤수도 안 하고 아침까지 자는 착한 효자인데 엄마 욕심은 끝이 없는지. 왜 자꾸 우는지 이해도 안 되고 속상하고 화나고 절망적이고. 며칠은 안아서 달래도 봤지만 결국은 내려 놓으면 그것도 말짱 도루묵이고 우는 거 달래는 것도 잘 안 되어서, 어제는 뭘 해볼 생각 없이 그냥 윤우 침대 옆에 앉아서 울면 토닥여주고 쪽쪽이 물려주고, 안 울면 그냥 물끄러미 쳐다봤어요. 수면 교육이 다 뭐야 하면서 책 저자들을 원망도 하고. 울다 놀다 몸부림치다 눕힌지 2시간 40분 만에 잠든 윤우를 보면서 앞으로의 육아에 자신도 없어지고, 나를 잃어가는 느낌도 나던 밤. 수유복 입고 살찐 내 모습도 너무 싫고, 정말 나아지기는 할까 우울해서 윤우 눈물에 같이 눈물 흘렸어요. 조금은 원망도 하면서. 그러다가 윤우 태어날때 사진들을 보면서 힘을 냈어요. 건강하게 태어난 것만으로도 감사했던 순간. 별거 아닌 청력 검사 하나에도 간호사나 의사의 간단한 이야기에도 예민해지던 시절이 있었는데 피곤함 속에서 너무 감사를 잃은건 아닌지. 마음을 다잡아야겠죠. 윤우는 나만 바라보고 세상에 태어났으니.
#세상모든엄마들화이팅이에요 💔
#사진은조마조마했던생후2일청력검사 👶
댓글 68개 모두 보기
너무 공감가요 😢 저도 짜증이 마구 치솟다가도 그래 너도 얼마나 힘들겠나 싶어 미안하기도 하고ㅠㅠ 정말 피곤함속에 감사를 잃은 것 같아 마음을 다시 잡아야겠어요 ㅠㅠ 엄마들 화이팅!💔
점점 더 예민해짐 ㅜㅠ

▽ 워킹맘으로서 육아 고민 나누기

'윤우맘'의 캐릭터는 육아를 열심히 하면서도 내 일과 인생도 소중하게 생각하는 에너지 넘치고 '똑소리 나는 워킹맘'이다. 대부분의 팔로워들은 내가 대학원을 다니면서 공부를 하고 있다는 것을 알고 있어 일과 육아 사이에서 고군분투한다는 것에 공감했다. 나는 이유식을 손수 해 먹이고, 아이에게 좋은 물건을 구매하기 위해 밤새 쇼핑을 하지만 아이만큼이나 자신의 행복과 커리어를 중시하며, 출산 전에 쌓아 올린 삶을 포기하지 않으려고 발버둥 친다. 아이를 삶의 전부라고 생각하지 않으며, 아이와 함께하는 일상이 때로는 피곤하고 워킹맘으로서의 삶이 우울하고 절망적이기도 하다. 이런 모든 경험과 감정들을 숨기지 않고 꾸밈없이 팔로워들과 공유한다.

#캐릭터의 장점을 내세워라

어떤 사람이든 남들이 조금은 부러워할만한 면을 가지고 있다. 누구는 음식을 잘하고 누구는 옷을 잘 입고 또 누구는 육아나 화장을 잘한다. 육아를 잘하는 사람들 중에서도 책을 잘 읽어주는 사람이 있다면, 잘 놀아주는 사람이 있고, 미술 놀이를 잘해주는 사람도 있을 것이다. 매력적인 사람이 넘쳐나는 인스타그램에서 생존하기 위해서는 나만이 가지고 있는 장점을 내세울 줄 알아야 한다. 육아를 잘한다면 어떻게 육아를 잘하고 그렇게 잘하게 된 배경은 무엇인지 스토리텔링 하는 것이 효과적이다.

여우마켓을 시작할 때 서울대학교에서 마케팅 박사과정을 밟으면서 육아와 공부를 병행하는 이야기가 많은 엄마들의 공감을 얻었다. 엄선해서 고른 교구와 책, 아이들을 위한 안전한 먹거리, 그리고 실용적인 유아 의류들이 여우마켓의 판매 품목이다. 이 중에서 여우마켓을 대표하는 제품은 아이들의 발달에 도움을 주는 교구들이다. 아이의 발달에 따라 판매하는 교구의 종류는 바뀌지만 텐더리프, 자노드, 러닝리소스 등 수입 교구부터 노랑우산, 아리아띠 등의 국내 교구들까지 내가 가진 타이틀과 연결성 있는 교구 제품이다.

판매할 때는 "꼭 사야 한다"거나 "이거 없으면 안 된다"고 하지 않는다. 특정 나이에, 특정 발달 단계에 없으면 큰일 나는 제품은 없다는 게 내 생각이다. 이런 나의 가치관을 '똑소리' 나게 공유한 결과 팔로워들의 신뢰를 얻을 수 있었다.

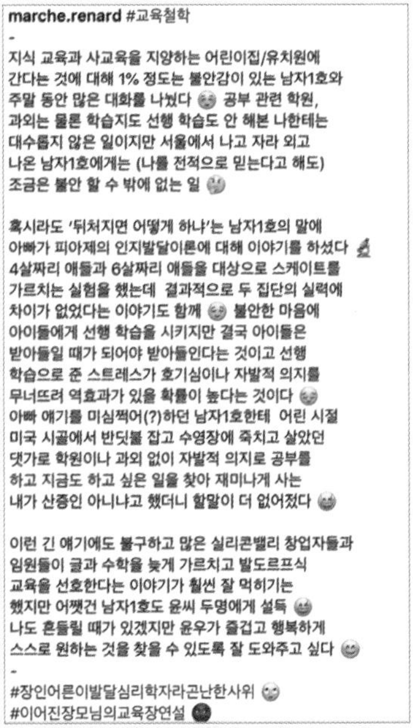
marche.renard #교육철학
-
지식 교육과 사교육을 지양하는 어린이집/유치원에
간다는 것에 대해 1% 정도는 불안감이 있는 남자1호와
주말 동안 많은 대화를 나눴다 공부 관련 학원,
과외는 물론 학습지도 선행 학습도 안 해본 나한테는
대수롭지 않은 일이지만 서울에서 나고 자라 외고
나온 남자1호에게는 (나를 전적으로 믿는다고 해도)
조금은 불안 할 수 밖에 없는 일

혹시라도 '뒤처지면 어떻게 하냐'는 남자1호의 말에
아빠가 피아제의 인지발달이론에 대해 이야기를 하셨다
4살짜리 애들과 6살짜리 애들을 대상으로 스케이트를
가르치는 실험을 했는데 결과적으로 두 집단의 실력에
차이가 없었다는 이야기도 함께 불안한 마음에
아이들에게 선행 학습을 시키지만 결국 아이들은
받아들일 때가 되어야 받아들인다는 것이고 선행
학습으로 준 스트레스가 호기심이나 자발적 의지를
무너뜨려 역효과가 있을 확률이 높다는 것이다
아빠 얘기를 미심쩍어(?)하던 남자1호한테 어린 시절
미국 시골에서 반딧불 잡고 수영장에 죽치고 살았던
댓가로 학원이나 과외 없이 자발적 의지로 공부를
하고 지금도 하고 싶은 일을 찾아 재미나게 사는
내가 산증인 아니냐고 했더니 할말이 더 없어졌다

이런 긴 얘기에도 불구하고 많은 실리콘밸리 창업자들과
임원들이 글과 수학을 늦게 가르치고 발도르프식
교육을 선호한다는 이야기가 훨씬 잘 먹히기는
했지만 어쨌건 남자1호도 윤씨 두명에게 설득
나도 흔들릴 때가 있겠지만 윤우가 즐겁고 행복하게
스스로 원하는 것을 찾을 수 있도록 잘 도와주고 싶다
-
#장인어른이발달심리학자라곤란한사위
#이어진장모님의교육장연설

▽ 공부하는 윤우맘

데일리와 쿠튀르 사이 #블랑쇼

@blan_jenny, 2.7만 팔로워

'제니'로 통하는 노지영 씨는 인스타그램에서 '블랑쇼'라는 브랜드를 운영하고 있다. 블랑쇼는 '데일리와 쿠튀르 사이somewhere between daily and couture'라는 콘셉트로 여성스러운 아름다움을 추구하는 고객들에게 디자이너 의류와 신발을 선보인다. 초창기부터 일정한 무드와 분위기를 고수했더니 비슷한 취향을 가진 사람들이 모여 이제는 하나의 브랜드가 되었다. 모든 사람의 취향을 고려한 일상적인 스타일은 아니지만 그녀의 취향에 공감하는 마니아층에게 사랑받고 있다. 그녀는 단순히 '옷'을 팔기보다는 같은 취향을 가진 사람들과 블랑쇼만의 '문화'를 만들기 위해 노력한다. 옷을 설명할 때는 어디에서 영감을 얻었는지, 어떻게 디자인이 되었는지 비하인드 스토리까지 공유한다.

블랑쇼는 2017년 9천 명의 팔로워가 있었던 인스타그램 개인 계정에서 시작했다. 그녀는 패션을 전공하진 않았지만 패션을 좋아했고, 패션에 대한 확고한 철학이 있었다. 고급스러운 원단의 여성스러운 옷을

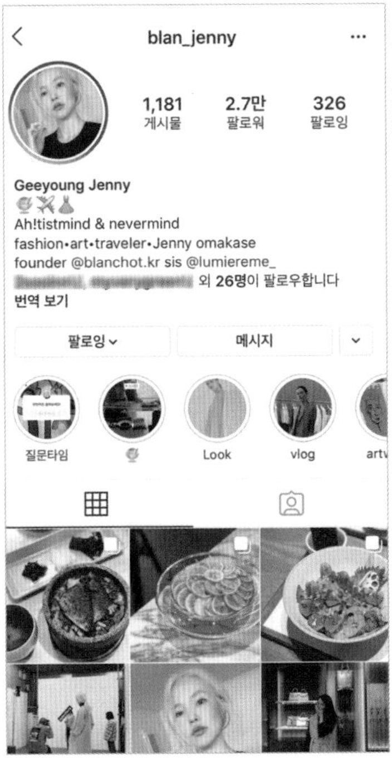

출처: blan_jenny

개인 계정

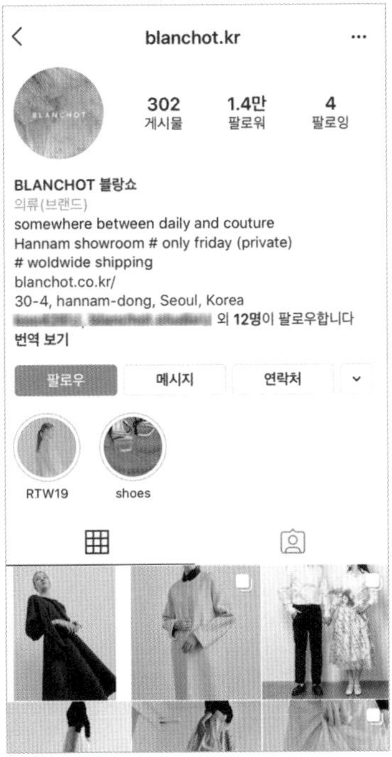

출처: blanchot.kr

블랑쇼 계정

선호해 바지보다 스커트를, 편하게 막 입는 청바지보다 까다롭지만 아름다운 옷이 좋았다. 직접 코디한 오늘의 패션OOTD, Outfit Of The Day이나 옷과 관련된 사진을 많이 올렸고, 가끔 소량으로 옷을 만들거나 사입해서 판매하기도 했다. 그녀의 팔로워들은 그녀만의 톤앤드매너가 묻어나는 캐릭터와 일상을 좋아하는 사람들이었다. 블랑쇼는 그런 그녀의 취향이 고스란히 담겨 있기 때문에 그녀의 취향에 공감하던 팔로워들이 고객으로 전환된 것은 어쩌면 당연한 일이었다. 그녀는 블랑쇼를 시작한 후 브랜드 캐릭터를 더 확고히 하는 일에 집중했다. 자신의 취향과 무드를 고스란히 담은 옷을 보여주고 싶어 사입 없이 모든 옷을 직접 디자인하고 제작하면서 차근히 키워나가고 있다.

블랑쇼는 여성스러운 샤, 레이스, 오간자, 실크 등의 소재를 활용한 스커트나 원피스를 주력으로 한다. 스커트는 10만 원대, 원피스는 20만 원대, 세트 상품은 40~50만 원대로 저렴한 편은 아니지만 재구매율이 높은 편이며, 매 시즌 그녀의 옷을 기다리는 사람이 점점 많아지고 있다. 고급스러운 옷들이 대부분이지만 일상에서 자연스럽게 입을 수 있는 코디 방법을 다양하게 공유한다. 최근에는 블랑쇼의 옷과 함께 매치할 수 있는 수제화 라인도 론칭했다. 수제화 역시 옷과 마찬가지로 여성스럽고 고급스러운 무드를 표현한다. 운동화를 만들어도 블랑쇼만의 여성스러운 고급스러움을 담으려고 애쓴다.

그녀는 쉽게, 빨리 돈을 벌기 위해 무리한 확장을 하거나 브랜드와 무관하게 무조건 잘 팔리는 제품을 만들지 않는다. 흔한 광고 한 번 없이 브랜드를 지금까지 키워 온 것은 블랑쇼만의 색깔을 잃지 않고 유지하기 위해 고집스럽게 노력한 결과라고 믿기 때문이다. 그래서 그녀의 캐릭터는 개인 계정뿐 아니라, 블랑쇼의 공식 계정, 홈페이지, 그리고 쇼룸에서까지 일관성 있게 드러난다. 어느 각도로 '블랑쇼'를 보든 여성스럽고 우아하고 아름다운 톤앤드매너를 지키고 있으며 하나의 일관된 스토리를 표현한다.

그녀는 세포마켓을 운영하면서 자신만의 개성과 취향이 담긴 캐릭

출처: 블랑쇼

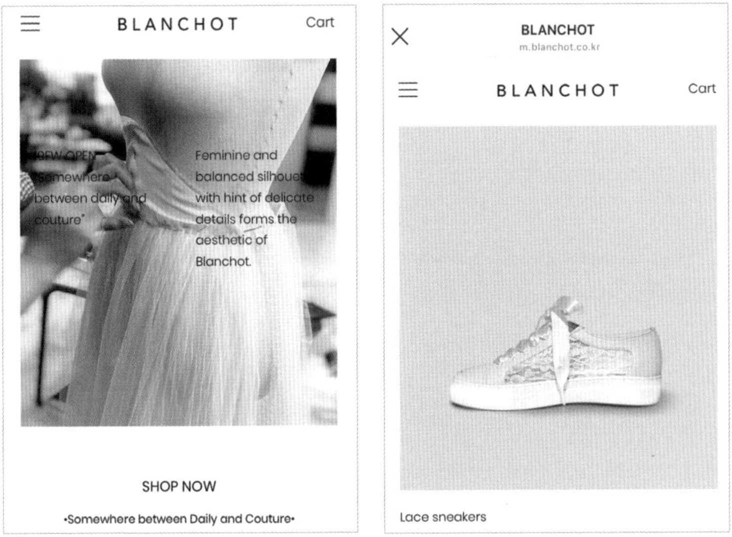

▽ 블랑쇼 홈페이지에 소개된 여성스럽고 고급스러운 무드를 표현한 블랑쇼 제품

터를 설정하고 몇 년 후의 계획이나 목표까지 세워 놓아야만 그것이 지속 가능하다고 말한다. 그만큼 세포마켓은 시작하기는 쉽지만, 유지하려면 두 배의 노력이 필요하다는 것이다. 최근에는 디자인을 공부하지 않은 고객들도 블랑쇼를 통해 디자인을 가깝고 편하게 느끼길 바라는 마음에 시즌 콘셉트를 그림이나 건축물 등과 연관 지어 소개한다. 일상 속 디자인을 통해 고객들에게 활력을 주고 싶어 앞으로도 이러한 노력을 게을리하지 않을 거라고 다짐한다.

전략 수립

세포마켓도 사업이다

최근 자영업계는 '카페 전쟁'이다. '한 집 걸러 치킨집'이라는 것도 옛말이 되었다. 전국에 7만 100여 개의 커피 전문점이 운영 중인데, 2018년 한 해에만 1만 400개가 새로 생겼다. 문제는 업체당 연평균 매출액이 1억 3천만 원인데 영업이익은 연평균 1,050만 원 정도라는 것이다(2017년 기준). 2016년에 비해 영업이익이 11%나 줄어 이제는 10%에도 못 미친다. 우후죽순 생겨나는 카페들로 인해 경쟁이 심화되어 인건비 등 제반 비용이 증가했기 때문이다. 결국 연간 폐업률이 14.1%를 기록하며 '자영업자의 무덤'이라는 치킨집의 폐업률보다 높다.[4] 더구나 개업을 위해 빚진 초기 투자금까지 갚지 못한 채 문을 닫는 경우도 부지기수다. 그렇다면 세포마켓은 어떨까? 세포마켓은 우선 필요한 초기 투자금이 0에 가깝다. 의지와 시간, 그리고 노력만 있으면 얼마든지 가볍게 시작할 수 있다. 온라인으로 운영하니 가게를 여닫는 시간도 정해져 있지 않아

물리적으로 출근을 하지 않아도 된다. 개업 이후에는 노하우와 데이터를 축적해 본인만의 새로운 사업을 창업할 수도 있다. 세포마켓이야말로 모든 사람이 꿈꾸는 궁극의 자영업인 셈이다.

밀레니얼 세대를 위한 자영업

사전적으로 '창업'과 '개업'은 의미가 비슷하지만 뉘앙스의 차이를 이해할 필요가 있다. 프랜차이즈 산업이 발달한 한국에서는 '사업의 기초를 세우고 시작하는' 창업創業보다는 '가게 문을 열고 일을 시작하는' 개업開業이 주를 이룬다. 몇 년 전만 해도 자영업의 주체는 퇴직금으로 제2의 인생을 시작하는 중장년층이었다. 많은 노력과 돈이 드는 창업보다는 적은 노력과 돈으로도 시작할 수 있는 개업을 택하는 것이 어찌 보면 당연했다. 하지만 모방이 쉬운 프랜차이즈 업체는 조금만 잘되면 유사 업종이 인근에 들어서고 모기업의 이미지 타격으로 인한 영향까지 받는다. 엎친 데 덮친 격으로 장기화되는 취업난에 청년들까지 자영업에 가세하면서 한국은 경제활동인구 4명 중 1명이 자영업자로 분류된다. 결국 한국의 자영업은 치열한 경쟁 속에 평균 수명이 3~4년도 되지 않는 '서민들의 무덤'으로 전락하고 말았다.

한국 요식업계의 큰손인 백종원 씨는 자영업자들이 실패하는 가장 큰 원인으로 짧은 준비기간을 꼽았다. 우리나라에서 가장 인기 있는 자영업인 음식점의 경우, 창업자의 72.5%가 준비기간이 6개월도 채 되지 않는다. 준비기간이 1개월 미만인 자영업자들도 30%를 넘는다(2019년

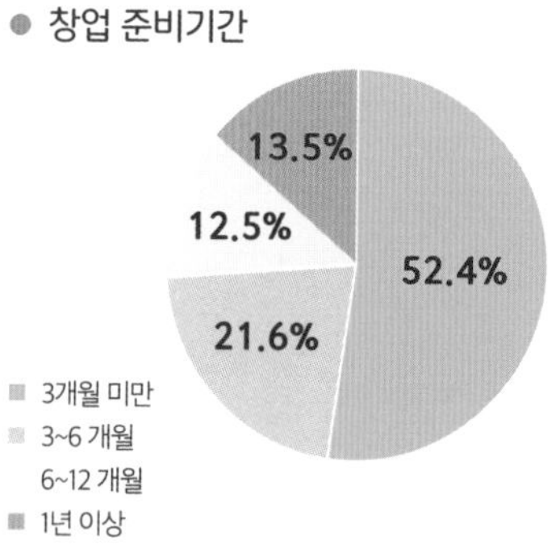

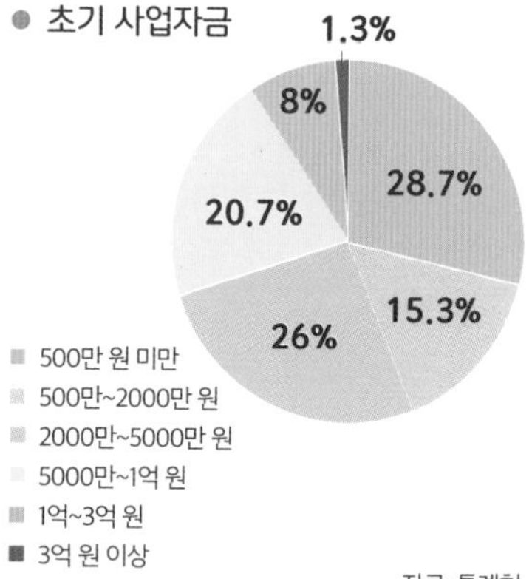

자료: 통계청

기준).[5] 최근 조사에 따르면 전체 자영업자 3명 중 2명이 5천만 원도 안 되는 초기 자금으로 6개월 정도의 준비기간을 거쳐 창업하는 것으로 나타났다.[6] 진입 장벽이 낮아 유행하는 아이템에 대한 창업 비율이 높은 것도 원인 중 하나다.

그렇다면 자영업으로 살아남기 위해 가장 고려해야 할 점은 무엇일까? 바로 경쟁우위다. 자영업자들이 살아남을 수 있는 유일한 방법은 자신만의 경쟁우위를 갖고 창업하는 것이다. 브랜드가 고객에게 의미 있으면서도 유사 브랜드가 모방하기 힘든 가치를 지니고 있을 때 경쟁우위가 확보된다. 하지만 사업의 기초를 세울 수 있는 경쟁우위를 확보하는 것은 단순히 가게 문을 여는 것보다 훨씬 많은 노력과 시간이 필요하다. 상대적으로 쉬운 프랜차이즈 개업을 통해 노하우와 자본을 축적한 후 창업하는 것이 가장 이상적이지만 이조차 쉽지 않다. 프랜차이즈 업체는 대개 본사의 지시대로 모든 것을 운영하기 때문에 고객과 산업에 대한 깊은 이해나 노하우를 습득하기 어렵기 때문이다. 더욱이 프랜차이즈 업체를 개업하는 것도 적지 않은 초기 투자금이 필요하다.

이런 의미에서 세포마켓은 자영업자가 원하는 많은 조건들을 충족시켜준다. 세포마켓은 스마트폰과 SNS 계정, 그리고 시간과 의지만 있으면 된다. 사무실이나 직원도 필요 없다. 사업 자금이 가장 큰 애로 사항이라는 것을 고려하면, 훨씬 유리한 시작이다.[7] 일반적인 자영업의 경우 최소 2년은 운영해야 초기 투자금을 회수할 수 있지만, 세포마켓은 초기 투자금이 거의 없기 때문에 판매가 일어나는 순간부터 이익을 볼 수 있다. 또한 고객들과 직접 소통하며 그들의 니즈를 상대적으로 쉽게 파악할 수 있고, 인스타그램은 관심을 기반으로 사용자들이 연결된 공간이기 때문에 고객들이 좋아하는 제품이나 서비스를 쉽게 알 수 있다. 비싼 오프라인 마케팅(광고 등)과 달리 마케팅도 적은 비용으로 할 수 있으며 적용한 마케팅이 어떤 효과를 냈는지 비교하기도 쉽다. 홍보 외의 다른 기능들은 대부분 위탁으로 진행하니 다양한 업체들과 긴밀하게 일하면서 산업에 대한 이해도도 올릴 수 있다.

물론 모든 세포마켓이 경쟁우위를 갖는 것은 아니다. 언젠가 경쟁우위를 가진 독자적인 사업을 하고 싶은 사람이라면, 고객들이 구매 시 중요하게 고려하는 요소가 무엇인지를 파악하는 것이 가장 중요하다. 잠재 고객들이 중요하게 생각하는 요소를 경쟁자보다 먼저 확보한다면 일단 절반은 성공이다. 따라서 세포마켓 초반에는 투자금이 적고 상대적으로 리스크가 낮은 대중적인 제품의 공구 혹은 사입으로 시작해서 잠재 고객들을 파악하는 게 좋다. 자체 제작을 하더라도 투자 비용이 적고 생산이 용이한 것으로 하면 위험 부담을 줄일 수 있다. 항상 잠재 고객과 트렌드에 귀를 기울이고 끊임없이 도전하고 노력해야만 다른 세포마켓과 차별화되는 경쟁우위를 획득할 수 있다.

앤드제이(@andj.ar, 4만)는 마음에 드는 "예쁜 기저귀 가방은 왜 없을까?"라는 생각에서 출발한 세포마켓이다. 이후 이런 고민을 담은 단 하나의 가방 디자인으로 승부를 봤다. 위험 부담을 줄이고 재고를 효율적으로 관리하기 위해 미리 고객들에게 주문을 받고 후에 생산을 시작하는 프리오더 방식을 이용했다. 인스타그램과 블로그를 통해 판매한 '예쁜데 가볍고 수납력까지 좋은' 기저귀 가방은 엄마들 사이에서 입소문을 타기 시작했고 이후 많은 고객들이 유입되었다. 이를 계기로 주 고객층이었던 엄마들이 가방이나 의류를 구매할 때 중요하게 생각하는 것이 무엇인지 연구하여 엄마들을 위한 다양한 종류의 가방과 의류, 그리고 아이들을 위한 옷까지 제품군을 확장했다. 그녀의 세포마켓은 가볍고 실용적이며 수납까지 잘되는 가방과, 임신과 출산 그리고 육아를 하면서 편하지만 예쁘게 입을 수 있는 옷이 주력 상품이다. 자신이 필요해서 만든 단 하나의 제품이 그녀의 경쟁우위가 된 것이다. 이를 발전시켜 비슷한 생각을 가진 고객들의 고민과 욕구를 꾸준히 연구한 결과 지금의 성장이 가능했다. 최근에는 판교 현대백화점에 팝업 스토어를 열만큼 저력 있는 브랜드가 되었다.

세포마켓의 미션과 비전

미션은 브랜드나 조직이 향하는 근본적인 의미와 방향why을 내포해야 하며, 비전은 브랜드나 조직이 이루고자 하는 구체적인 목표what+how를 담고 있어야 한다. 쉽게 말해 모든 사람이 아름다운 제품을 가질 권리가 있다고 생각하는 것이 미션이라면, 트렌디하고 스타일리시한 제품을 저렴한 가격에 판매하는 것이 비전이다. 실용적이고 저렴한 가구 브랜드로 인기가 많은 이케아의 미션은 '많은 사람들의 일상을 더 풍요롭게 하는 것'이고, 비전은 '예쁘고 실용적인 인테리어 제품들을 되도록 많은 사람들이 구매할 수 있도록 저렴한 가격에 공급하는 것'이다.

미션과 비전은 대기업에만 있는 게 아니다. 존재해야 하는 의미(미션)와 이를 위해서 구체적으로 이뤄야 할 목표(비전)에 대해 생각하는 것은 규모와 상관없이 모든 사업에서 갖춰야 할 사항이다. 세포마켓이 궁극적으로 경쟁우위를 획득하고 독창적인 캐릭터를 가진 사업으로 성장하기 위해서는 명확한 미션과 비전을 설정해야 한다. 특히 인스타그램은 누구나 목소리를 낼 수 있는 공개 플랫폼이기 때문에 타인의 의견에 흔들리기 쉽고 빠르게 변화하는 트렌드에도 민감해 이러한 시장환경에서 장기적으로 생존하려면 미션과 비전을 두고 유지와 변화의 균형점을 찾는 것이 중요하다.

명실상부 인스타그램 세포마켓의 대표 브랜드가 된 **깔랑**(@calin_khj, 17.9만)은 '편하고 예쁜 다양한(의류, 신발 등) 아이템'을 비교적 저렴한 가격에 구매할 수 있는 곳으로 유명하다. 브랜드 초기부터 합리적인 가격과 실용적인 편안함을 가진 제품도 예쁘고 스타일리시할 수 있다는 것을 보여주고자 했다. 이를 위해 직접 사용하고 수정을 반복하면서 마진율을 최소화한다. 문제가 생길 경우, 제품에 대한 모든 책임을 지는 깔량의 미션과 비전은 '완벽에 가까운 고객 만족'이다. 그 덕분에 세포마켓 1세대지만 여전히 실시간 검색어에 오르내릴 정도로 인기 있는 브랜드가 되었다.

벤치마킹은 필수

벤치마킹은 원래 해수면 등의 높낮이를 측정하기 위한 벤치마크benchmark를 표시하는 행위에서 나온 말이다. 경영학에서는 기업이 타 기업의 제품, 기술, 경영 노하우 등을 면밀하게 연구하고 배워서 자신의 상황에 맞게 응용한다는 의미로 사용되고 있다. 미국의 사무기기 브랜드인 제록스가 일본 경쟁 기업들의 노하우를 파악하여 경영전략에 활용한 데에서 유래되었다고 전해진다. 벤치마킹은 특히 새롭게 사업을 시작하는 단계에서 매우 유용하다. 소위 업계에서 잘나가는 기업들의 활동을 면밀하게 관찰하고, 조사하고, 경험해보면 책에서는 배울 수 없는 살아 있는 지식을 얻을 수 있다. 명심할 점은 타사의 장단점을 분석해서 자신에게 맞는 방식을 차용하는 것이지 그대로 카피해 복제하거나 모방하는 것은 아니라는 것이다.

벤치마킹의 기본은 응용해서 취하는 것이다. 다른 세포마켓에서 잘하고 있다고 해서 나도 같은 방법으로 잘할 수 있다는 보장은 없다. 아무리 좋은 것이라도 장기적으로 지속해 나갈 역량이 없다면 무의미하다. 타깃층도 같을 수 없기 때문에 '똑같이' 하는 것은 오히려 효과가 떨어진다. 예를 들어 특정 세포마켓에서 자체적으로 개발해 판매하는 제품이 있다고 가정해보자. 그 제품이 인기가 많다고 해서 디자인만 똑같이 따라 해서 판매하는 것은 모방이며 복제다. 디자인 자체가 매력적이라는 것은 증명되었기 때문에 한두 차례 잘 팔릴 수는 있다. 하지만 선풍적인 인기를 끈 데는 겉으로 보이는 디자인 외에 베낄 수 없는 내면의 숨겨진 스토리와 기술, 독창성 등 여러 가지 이유가 있다. 명품을 생각해보면 쉽다. 명품의 값에는 그 브랜드의 긴 역사와 캐릭터, 그리고 장인정신이 녹아 있다. 복제된 명품은 겉으로 드러난 모습만 비슷할 뿐 명품이 가지고 있는 가치는 흉내 내지 못한다. 특히 인스타그램 세포마켓의 경우 정보 공유가 용이하고 공개적이기 때문에 다른 세포마켓의 콘셉트나 피드를 그대로 따라 하면 오래가지 않아 들통나고 말 것이다. 인스타그램은 늘 많은 사람들이 지켜보고 있다는 것을 기억해야 한다.

그렇다면 벤치마킹은 어떻게 하는 것일까? 벤치마킹을 잘하기 위해서 필요한 것은 다른 브랜드나 기업의 좋은 점을 자신에게 맞게 변형해서 활용하는 응용력이다. 동종 업계뿐만 아니라 주제별로 타업종의 사례를 여러 방면으로 참고하는 것이 도움이 된다. 예를 들어 고객 응대와 관련된 벤치마킹이라면 고객 응대가 중요한 서비스 업종인 호텔, 레스토랑, 항공사의 사례를 찾아보는 것이 좋다. 두 번째는 이를 통해 자신만의 방식을 찾는 것이다. 세포마켓은 각각의 인플루언서가 본인의 라이프스타일과 제품, 그리고 취향에 맞춰 서로 다른 운영 방식을 보여주고 있어 많은 세포마켓을 살펴보는 것이 자신의 스타일을 발견하는 데 큰 도움이 된다. 다른 세포마켓들이 어떤 제품을 판매하는지, 어떻게 제품을 홍보하는지, 어떻게 고객들과 소통하는지를 살펴보면서 자신이 하고 싶은 것, 할 수 있는 것, 그리고 하지 말아야 할 것을 찾아야 한다.

인스타그램은 트렌드 확산의 최전방에 있기 때문에 늘 신선하고 새로운 사례를 수집해 경험하고 배우는 것을 생활화하며 자신만의 방식으로 활용할 방안에 대해 고민하는 것이 중요하다. 벤치마킹은 진정한 '내 것'을 찾아가는 하나의 수단인 것이다.

· 부딪치며 배운 여우마켓 실전 꿀팁 ·

여우마켓의 미션과 비전

#지속 가능한 미션과 비전 세우기

미션과 비전은 이정표와 같다. 세포마켓은 일과 개인 생활의 구분이 명확하지 않은 1인 사업이기 때문에 미션과 비전을 세우는 게 중요하다. 여우마켓을 운영하는 2년여의 시간 동안 많은 일들이 있었지만, 명확한 미션과 비전이 있었기에 길을 잃지 않을 수 있었다. 처음 시작도 그렇고 지금도 여우마켓의 미션은 '엄마도 아이도 행복한 세상'이고 비전은 '가장 필요한 육아용품을 가장 저렴하게 판매하자'다. 이를 위해 제품의 실사용자인 '내 아이'에게 좋은 제품을 찾아서 더 좋은 가격으로 판매하고자 늘 고민한다.

시작 당시에는 주로 구매하고 싶은 제품의 본사에 직접 메일을 보내 공구를 진행했지만 요즘에는 공구 마케팅을 하는 업체들도 많아져서 업체에서 제공하는 제품들도 사용해보고 좋으면 판매하기도 한다. 구매하는 사람들이 돈이 아깝다는 생각이 들지 않도록 반드시 실사용자인 아이와 함께 사용해보고 활용도와 가격에서 합당한 가치가 있을 때만 판매를 한다. 판매 전에 온라인 최저가를 꼭 검색해보고 공구가보다 더 저렴할 경우에만 판매하고 그러지 못할 경우에는 가장 저렴하게 구매할 수 있는 정보를 공유해준다. 여우마켓을 시작한 지 2년이 다 되어가지만 여전히 아이를 키우는 엄마들의 삶을 조금이라도 편하게 해주고, 아이들을 행복하게 해주는 좋은 육아용품들을 최대한 저렴한 가격에 함께 쓰고 싶다는 마음은 변함이 없다.

#인생의 비전도 잊지 않기

어른이 되고 직업을 갖고 가족이 생기면서 바쁜 일상에 치여 새롭게 꿈을 꾸지도 않고, 꿈이 무엇이었는지도 잊고 살아간다. 나 역시 내 삶의 궁극적인 비전이 무엇인지 잊고 살 때가 많다. 하지만 '일상을 공유하는' 세포마켓을 꾸준하게 운영하기 위해서는 세포마켓의 비전뿐 아니라 인생의 비전에 대해서도 생각해 볼 필요가 있다. 공부만 해왔던 학생이 무모하게 장사에 도전할 수 있었던 가장 큰 이유는 지금까지 해왔던 마케팅 공부와 연관성이 있다고 믿었기 때문이다. 세포마켓을 운영하는 것이 10년 가까이 연구해온 마케팅을 실전에서 적용해 볼 수 있는 좋은 기회라고 생각했다. 장기적으로는 이 기회를 통해 SNS 마케팅 분야의 전문가가 되어 학문과 실무를 융합할 수 있기를 기대했다.

이러한 목표가 있기에 제품을 공급해주는 거래처 사람들, 제품을 구매하는 고객들, 그리고 제품을 판매하는 다른 세포마켓 운영자들과 더 많은 대화를 나눈다. 세포마켓이라는 새로운 업태에 대해, 온라인 쇼핑에 대해, 소비자들에 대해 여우마켓의 판매와 무관하게 여러 의견을 듣고 싶었다. 그렇게 1년쯤 되었을 때 쌓은 자료를 토대로 여러 출판사에 출간 제안서를 보냈고 책을 기반으로 강의를 준비 중이며 박사학위 논문도 이와 관련된 주제로 선정했다. 계획한 꿈(본업)을 이뤄나가고 있는 길에 계획되지 않은 또 다른 새로운 꿈(여우마켓)까지 생겨 함께 이뤄내고 있다. 투자 없이 오히려 벌어가면서 이뤄낸 성과치고는 값지다.

#발품을 팔아가며 배우는 즐거움

비싼 수강료를 받고 인스타그램 마케팅이나 마켓과 관련된 수업을 제공하는 업체들이 많아지고 있다. 소위 SNS 전문가라고 칭하는 사람들 중에 경험에 기반한 팁을 줄 수 있는 사람은 많지 않다. 실무적인 정보나 팁들은 다양한 세포마켓이나 인기가 많은 오프라인 매장을 방문하면 더 많이 얻을 수 있다. 인스타그램에서 세포마켓을 운영하는 사람, 팔로워가 많은 사람, 판매하고자 하는 품목을 오프라인에서 판매하는 사람, 제대로 된 고객관리를 실천하고 있는 브랜드 등 노력만 하면 공짜 선생님들은 넘쳐난다.

여우마켓을 하겠다고 마음먹은 후부터는 시간이 날 때마다 육아용품을 판매하는 세포마켓과 온·오프라인 쇼핑몰에 수시로 들락거렸다. 인기 있는 제품은 살펴보고 주문해 직접 사용하고 예쁜 사진들과 상품 상세 설명이 잘되어 있는 블로그 글들은 스크랩해 어떤 방식으로 판매 및 홍보와 마케팅을 하는지, 또 고객관리를 어떻게 하는지 잘 살펴보았다. 인스타그램 글은 어떻게 쓰는 게 가독성이 높은지, 블로그 제품 설명은 어떤 방식으로 작성해야 읽는 사람이 편한지, 어떻게 찍은 사진을 사람들이 좋아하는지, 육아용품의 트렌드는 무엇인지 궁금하고 필요한 정보는 모두 이런 방식을 통해 배웠다.

마트 재료로 레스토랑처럼 #킴스쿠킹

@keemscooking, 2.7만 팔로워

흔히 세포마켓하면 제품을 판매하는 것을 가장 먼저 떠올리지만, 서비스나 교육을 판매하는 세포마켓들도 있다. '킴스쿠킹'의 김서영 씨가 첫 쿠킹 클래스를 시작한 것은 몇 년 전이었다. 그녀는 레스토랑 메뉴 컨설팅 일을 하고 있었는데, 아이를 출산하고 육아를 하면서 집에서 요리하는 횟수가 늘어났다. 전문 셰프는 아니었지만 요리 학교에 다닐 때부터 음식 사진을 인스타그램에 올렸던 터라 요리에 관심 있는 팔로워들이 꽤 많았다. 요리하는 횟수가 늘어나니 인스타그램에 올리는 사진들이 많아졌고 팔로워들의 요리법 문의도 덩달아 늘었다. 주변에서 "쿠킹 클래스를 해보는 게 어때?"라고 권유하기도 했다. 팔로워가 5천 명 정도 되었을 때였다.

킴스쿠킹의 첫 쿠킹 클래스는 김서영 씨의 부엌에서 진행되었기 때문에 여느 세포마켓처럼 초기 투자금이 거의 없었다. 쿠킹 스튜디오를 오픈하는 것과 비교해보면 위험부담이 전혀 없는 것이나 마찬가지다.

가정집 부엌은 실습을 할 수 있는 장소는 아니었지만, 수강생들이 만족스러워 할만한 수업을 할 자신이 있었다. 수강신청은 인스타그램 DM과 카카오톡으로 받았다. 요식업에 종사하는 남편과 그녀가 모은 식기들로 다이닝 테이블을 꾸미고 직접 꽃시장에 가서 구매한 꽃으로 장식을 하고 나니 멋진 레스토랑 느낌이 났다. 서빙도 대충하지 않았다. 진짜 레스토랑에 온 것처럼 용도에 맞는 그릇에 플레이팅하고 실버웨어(은식기)까지 준비했다. 요리 시연 후 모든 수강생이 다이닝 테이블에 함께 앉아 이야기를 나누며 먹을 수 있도록 해주고 싶었다. 이런 그녀의 노력으로 수강생들은 요리를 배우러 왔지만 청담동에 있는 어느 레스토랑에서 대접받는 기분을 느낄 수 있었다. 수강생들이 찍은 눈에 띄는 비주얼을 뽐내는 사진들이 인스타그램에 퍼져 나갔고, 간단한 재료만으로도 이런 음식을 할 수 있다는 점이 잠재 고객들을 끌어당겼다.

수강신청 게시물

출처: @keemscooking

쿠킹 클래스를 해야겠다고 마음먹은 다음 그녀가 제일 처음 한 일

출처: @keemscooking

계절이 느껴지는 감각적인 테이블 세팅

출처: @keemscooking

먹고 싶은 비주얼의 플레이팅

은 많은 다른 쿠킹 클래스를 찾아보고 살펴보며 어떤 쿠킹 클래스를 하고 싶은지 스스로 묻는 일이었다. 그녀는 '쉽게 구할 수 있는 재료로 얼마든지 예쁘고 맛있는 음식을 만들 수 있는' 쿠킹 클래스를 만들고 싶었다. 더불어 쿠킹 클래스는 '주부'들만 오고, 좋은 요리는 '어렵다' 라는 편견이 틀렸다는 것도 보여주고 싶었다. 여기서 나온 그녀의 비전이 바로 '마트 재료로 레스토랑처럼'이다. 여기에 많은 사람들이 요리와 예술을 어렵지 않게 느꼈으면 좋겠다는 미션을 담아 수많은 고급 레스토랑에서 다이닝을 했던 경험을 바탕으로 요리를 개발하고 식탁을 꾸몄다.

몇 년이 지난 지금, 그녀의 쿠킹 클래스는 단 몇 분 만에 예약이 완료되는 인기 클래스가 되었고, 한남동에 쿠킹 스튜디오도 오픈했다. 처음 시작했을 때와 마찬가지로 테이블 중앙에는 꽃시장에서 사 온 꽃들이 놓여 있고 벽면에는 그녀가 좋아하는 그림이 걸려 있으며, 은은한 음악이 스튜디오를 채운다. 초반에는 유럽풍의 요리를 주로 가르쳤는데 우연히 가르친 솥밥 메뉴가 한식인데 만들기도 쉽고 모양도 예뻐 수강생들에게 인기가 많았다. 집밥 같은 따뜻함이 담긴 음식을 직접 해서 먹거나 남들에게 요리해주고 싶은 사람들의 니즈를 알게 된 이후로는 솥밥 관련 클래스를 늘렸다. 메뉴가 다양해지자 고객층도 넓어져 점심 클래스에 이어 저녁 클래스까지 열게 되었다. 이때 한 와인 클래스가 예상외로 반응이 좋아 '안주 특집'이라는 이름으로 음식과 와인을 페어링하는 클래스도 시작했다. 금요일 저녁에 열리는 안주 특집은 이색적인 쿠킹 클래스로 뉴스에 보도되기까지 했다. 안주와 와인을 페어링하는 클래스이지만 요리뿐만 아니라 사람을 만나고 함께 즐거운 시간을 보내고 싶은 수강생들이 많이 참여한다. 이는 비슷한 관심사와 취향을 가진 사람들이 모여 이야기를 나누는 '살롱 문화'와 맞닿아 있다.

그녀는 여전히 쉽게 구할 수 있는 재료로 근사한 요리를 만들어 많은 사람들이 손쉽게 다양한 음식을 먹어보길 바란다. 한 종류의 음식 스타일이나 레시피를 고집할 마음도 없다. 수강생들의 소리에 귀 기울이고 이를 반영하는 것 또한 놓치지 않으려고 노력한다. 얼마 전에는 TV 프로그램에 출연해 그녀의 시그니처 메뉴 중 하나인 꽁치 파스타를 선보이면서 출연진들의 입맛을 사로잡기도 했다. 2019년 10월 《반찬 없이도 테이블이 완벽해지는 솥밥》이라는 레시피 책을 출간한 그녀의 최종 목표는 런던에 캐주얼 한식 레스토랑을 여는 것이다. 2019년 여름 런던에서 솥밥 쿠킹 클래스를 열었으니 점점 꿈에 다가가고 있는 셈이다. 처음 쿠킹 클래스를 시작했을 때랑 비교해보면 규모가 많이 커졌지만, 최초의 비전과 미션을 잊지 않고 실천하고자 끊임없이 노력하며 차근히 목표에 다가가고 있다.

제품 탐색

리서슈머의 귀환

앨빈 토플러는 1980년에 출판된 그의 저서《제3의 물결》에서 '프로슈머prosumer'의 등장을 예견했다. 프로슈머는 생산produce과 소비consumer를 겸하는 사람들을 일컫는 말로, 자신의 만족을 위해 제품을 직접 생산하거나 제품 생산에 참여하는 소비자를 가리킨다. 40년이 지난 후, 프로슈머와 SNS가 만나 '셀슈머sellsumer'라는 새로운 형태의 소비자를 탄생시켰다. 제품을 만드는 데 관여하는 것뿐만 아니라 판매까지 하는 소비자가 등장한 것이다. 온라인 플랫폼의 발달로 제품 홍보와 판매가 더욱 용이해지면서 소비자와 판매자의 경계가 없어진 지금 점점 더 많은 셀슈머들이 생겨날 것으로 예측된다.[8] 여기서 한 가지 더 주목해야 할 것은 이미 몇 년 전부터 그 중요성이 대두되고 있는 '리서슈머resear-sumer'다.[9] 리서슈머는 연구자를 뜻하는 '리서처researcher'와 소비자를 뜻하는 '컨슈머consumer'의 합성어로 제품이나 서비스에 대해 전문적으로 탐구하는 합리적인 소비자를 말한다. 셀슈머들이 가장 활발하게 활동하는 세포마켓에서 살아남으려면 셀슈머이자 '리서슈머'가 되어야 한다. 이는 선택이 아닌 필수다.

리서슈머가 되어야 하는 이유

다양하고 많은 제품들이 쏟아져 나오는 현대사회는 소비자들이 원하고 열망하는 제품들이 넘쳐난다. 진짜 나에게 맞는 제품을 찾기 위한 정보도 넘쳐나 소비자들의 혼란이 가중되었다. 게다가 기업의 자료나 광고는 점점 신뢰할 수 없어 진짜 정보를 찾기도 어렵다. 그렇기 때문에 직접 사용하고 연구하며 객관적으로 평가하는 리서슈머의 역할이 그 어느 때보다 중요하다.

똑같은 제품을 판매하는 세포마켓이 두 곳 있다고 생각해보자. 세포마켓 A에서는 업체에서 보내준 자료만을 이용해 제품을 설명하고, 세포마켓 B에서는 제품 정보와 함께 비슷한 종류의 다른 제품과 비교한 정보도 함께 제공한다. 제품 정보도 판매 자료에 나와 있는 것 외에 직접 사용해본 경험을 솔직하게 알려주며 제품을 어떻게 써야 가장 잘 쓸 수 있는지 고객의 관점에서 궁금해할만한 점을 상세히 설명한다. 판매하고 있는 브랜드는 아니지만 연관이 있는 제품이라면 다른 브랜드라도 알려준다. 잠재 고객들은 당장 구매하지 않더라도 정보를 얻기 위해서는 세포마켓 B를 팔로우하고 싶을 것이다. 기본적으로 해당 제품군에 대해 잘 알고 있고 여러 가지 제품을 직접 사용하고 비교해본 후 제품을 판매한다는 이미지로 인해 소비자들에게 객관성이 추가되어 신뢰감이 상승하는 효과가 있다. 판매 제품과 추천한 제품들이 좋으면 '제품을 고르는 감각'에 대한 신뢰도 생긴다. 이렇게 판매자를 리서슈머로 신뢰하게 되면 소비자들은 '트윈슈머twinsumer(물건을 살 때 구매자들의 후기를 참고로 쌍둥이처럼 같은 상품을 구매하는 소비자)'이자 충성 고객이 되어 주기적으로 제품을 구매한다.

몇 년 전까지만 해도 블로거들이 리서슈머를 자처하며 제품 리뷰와 비교 분석을 해주었다. 하지만 블로그를 중심으로 돈을 받고 광고성 글을 써주는 상업적인 리뷰가 늘어나면서 블로거에 대한 소비자의 신뢰는 떨어졌다. 지금은 인스타그램 세포마켓이 과거 블로거들의 역할을 이어서 하고 있다. 이곳에서 제공하는 정보도 블로거와 같이 상업적인 정보라 객관성이 떨어질 수 있다는 우려스러운 점이 있지만 사람들의 문의나 후기, 컴플레인이 실시간으로 올라오는 SNS라 판매를 위한 거짓 정보를 올리면 들통나기 쉬워 지속적인 수익 창출에 오히려 해가 될 뿐이다. 제품 정보뿐만 아니라 올리는 모든 정보에서 신뢰성이 떨어질 경우 잠재 고객을 놓칠 수 있어 더 솔직하게 정보를 공유한다. 인스타그램 역시 협찬이나 유료 광고들이 늘어나면서 예전만큼의 객관성과 중립성이 떨어진다고 말하는 사람들이 있지만 현재로서는 소비자들이 가장 많이 이용하는 유용한 정보의 원천이다.

누누달(@nunu.dal, 6.8만)은 '놀이육아' 전문가로 2018년부터 '우리 아이 행복 연구소'라는 카페를 개설해 온라인 공동 육아 프로젝트 'Here &

Now Project(히나프로젝트)'를 주도하고 있다. 그녀는 "오늘 뭐하고 놀지?"라는 엄마들의 육아 고민에 대해 늘 연구하고 놀이육아라는 새로운 문화를 만들고자 노력한다. 그녀의 인스타그램 피드와 카페를 방문하면 집에서 아이와 놀아줄 수 있는 여러 가지 방법과 정보가 가득하다. 비슷한 기능을 가진 여러 제품을 사용해보고 비교한 후기도 있고 집에서 놀이를 할 수 있는 도안도 개발해서 무료로 배포한다. 아이와 놀이를 하기 위한 제품을 판매하지만, 놀이에 필요한 제품이라면 판매 여부와 관계없이 다른 제품들의 정보도 공유한다. 이러한 노력으로 팔로워들은 놀이육아 전문가로 그녀를 인정하고 신뢰해 큰 고민 없이 그녀가 판매하는 제품을 구매한다.

가심비를 공략하라

한때 '갓성비'라는 표현이 유행한 적이 있다. '가격 대비 성능'을 줄여 부르는 가성비에서 파생된 말로, '갓god'을 넣어 신이 내린 가성비라는 뜻을 지칭하는 신조어다. 이런 말까지 생겨난 걸 보면 소비자들이 구매 시 얼마나 가격을 중요하게 생각하는지 알 수 있다. 하지만 인스타그램 세포마켓에서는 갓성비보다 가심비가 중요하다. '가격 대비 마음의 만족'[10]을 추구하는 소비 형태를 뜻하는 말로 요즘 소비자들은 내가 관심 있는 것, 좋아하는 것이라면 비싸더라도 기꺼이 구매하고자 한다. 현대 소비자들은 가격과 무관하게 주관적인 심리적 위안을 주는 제품을 구매하고 싶어 한다. 처음부터 관심사를 기반으로 모인 인스타그램 세포마켓은 표적시장이 명확해 소비자들이 어떤 제품에 가장 큰 심리적 위안을 얻는지 쉽게 알 수 있어 가심비가 좋은 제품을 판매하기에 최적의 조건을 가지고 있다.

가심비는 소비자가 제품을 구매함으로써 심리적·정서적 이득을 얻었는지가 중요하기 때문에 가성비보다 확실한 차별성을 가진다. 아동복을 제작하는 패션시크릿은 카카오스토리 세포마켓에 제품을 공급하는 것으로 시작했지만 인스타그램으로 채널을 옮겼다. 패션시크릿의 대표 김성원 씨는 카카오스토리를 기반으로 한 세포마켓은 가성비를 중시하는 소비자들이 많아 저렴한 제품에 대한 선호가 높다고 말한다. 품질이 좋은 제품이어도 가격이 비싸면 구매하지 않으니 어쩔 수 없이 가격을 낮춰야 해서 흡족한 품질의 제품을 만들기 어려웠다고 한다. 이와는 대조적으로 인스타그램 세포마켓을 이용하는 소비자들의 최우선 가치는 관심사를 충족시켜 주는 제품이다. 가격은 구매 시 고려하는 여러 사항 중 하나일 뿐이다. 김성원 대표는 이러한 인스타그램 세포마켓 소비자들의 성향에 맞춰 가격이 조금 비싸더라도 품질이 좋은 아동복을 인스타그램 세포마켓에 공급하기로 했다.

가심비를 채울 수 있는 제품을 찾는 데는 여러 가지 방법이 있다. 그중에서 가장 쉬운 방법은 온라인에서 '손품'을 파는 것이다. 아직 시장에 출시되지 않은 새로운 제품을 판매하는 와디즈와 같은 크라우드 펀딩 사이트나 SNS에서 광고를 많이 하는 인기 제품을 찾아보는 것도 도움이 된다. 리빙페어, 박람회, 플리마켓 등 오프라인 행사도 제품을 찾기 좋은 곳이다. 특정 관심사를 가진 사람들이 많이 모이는 곳에 가면 새롭고 다양한 제품들을 종종 볼 수 있다. 가심비는 심리적 만족이 기준이기 때문에 공구 제품이든 자체 제작 제품이든 큰 차이가 없다. 그러므로 찾아본 제품들 중 공구가 가능한 제품이면 공구를 하면 되고, 시중에 없다면 자체 제작을 할 수도 있다.

라야마켓(@raya_daily, 11.2만)에서는 아기자기한 생활용품들을 판매한다. 화장실에 붙이는 방수 포스터, 아이 방을 꾸밀 때 유용한 동물 포스터, 냉장고용 자석 보드 등이다. 원단이 좋은 유아 팬티, 인테리어 제품으로도 손색없는 선풍기, 디자인이 뛰어난 모기채 공구도 진행한다. 모든 제품들을 관통하는 테마는 아기자기하고 예쁘다는 것이다. 판매하는 제품에 따라 가격은 천차만별이지만 그녀의 취향에 공감하는 사람이라면 가심비가 높다고 여겨지는 제품들이다. 다른 곳에서 판매하는 동물 포스터보다 라야마켓에서 판매하는 동물 포스터의 가격이 더 비쌀 수 있지만, 그녀의 일러스트가 주는 특유의 따뜻하고 귀여운 느낌 때문에 소비자들은 그만한 가치가 있다고 느낀다.

주력 상품 발굴하기

일회용밴드를 대일밴드로 알고 있는 사람들이 많지만 대일밴드는 수많은 일회용밴드 제품 중 하나일 뿐이다. 그런데 왜 우리는 일회용밴드의 명칭을 대일밴드로 알고 있을까? 사실 대일밴드는 대일화학주식회사에서 최초로 출시한 일회용밴드 제품의 이름, 즉 브랜드명이다. 출시 후 소비자들에게 큰 인기를 얻어 대일밴드라는 이름이 일회용밴드의 대명사가 되어버린 것이다. 지금까지도 우리는 일회용밴드가 필요하면 "대일밴드 주세요"라고 한다. 이처럼 제품을 생각할 때 처음으로 떠오르는 브랜드가 되는 것, 그리고 그것이 제품 전체의 대표 상품이 되는 것을 가장 성공적인 마케팅이라 할 수 있다. 소비자들은 제품을 구매할 때 필요한 니즈가 활성화되면 정보 탐색에 들어가고, 정보를 탐색한 후 추려진 브랜드들을 비교하여 제품을 구매하는데, 점차 제품 수준이 상향 평준화되고 브랜드들이 많아지면서 고객들이 제품을 구매하기 전에 고려하는 브랜드 범위 안에 들기조차 어려워졌다. 만약 대일밴드처럼 소비자가 제품을 구매하고자 할 때 이러한 과정 없이 이 제품하면 바로 '이것'으로 떠오르는 대표 상품이 있다면 경쟁 없이 꾸준히 판매가 일어날 것이기에 주력 대표 상품이 있는 게 판매에 도움이 된다.

대개의 세포마켓은 팔로워들의 라이프스타일에 맞는 제품을 다양하게 판매한다. 화장품을 판매하는 사람이 의류를 판매하고, 비타민을 판매하는 사람이 모자를 판매하는 등 하나의 제품만 판매하는 것이 아니기 때문에 특정 세포마켓하면 머릿속에 딱 떠오르는 제품이 없는 경우가 많다. 하지만 다양한 제품을 판매한다고 하더라도 한두 개의 주력 상품이 있는 것이 좋다. 고객에게 '이 제품은 꼭 여기서 사야 된다'라는 생각이 자리 잡으면 그 제품을 사기 위해 피드를 자주 방문하게 되고, 마트에 가면 마트 전체를 둘러보듯 판매하는 다른 제품은 어떤 것들이 있는지 보게 된다. 그러면 자연스럽게 판매하는 다른 제품에도 긍정적인 영향을 미쳐 구매를 유도하기 수월해진다. 주력 상품을 선정할 때는 인플루언서의 캐릭터와 제품 간의 연결성이 가장 높은 걸로 해야 효과적이다. 다른 세포마켓에서 판매하는 제품과 차별화되는 독자적인 제품이라면 더 좋다. 이런 제품이 반드시 자체 제작일 필요는 없다. 다른 곳에서는 진행하지 않는 '단독공구'일 수도 있고, 가격 경쟁력이 높은 제품일 수도 있으며, 설명하는 방식이 독자적일 수도 있다.

간혹 옷이나 화장품 등 하나의 단일 제품군에만 주력하는 세포마켓들도 있다. 단일 제품군이지만 이 경우에도 대표 상품을 개발하는 것이 좋다. 예를 들어 의류를 판매하는 세포마켓이라 해도 '드레스 맛집(음식이 맛있는 가게를 '맛집'으로 부르는 것에 비유해서 해당 제품을 잘하는 곳을 '○○맛집'이라고 한다)', '바지 맛집' 등 세포마켓과 연관 되는 특정 제품이 있으면 소비자들의 뇌리에 더 강하게 남을 수 있다.

엔비마켓(@kkyuhee, 4.5만)은 아이들을 위한 의류를 판매한다. 원단과 봉제가 뛰어난 레깅스, 티셔츠, 카디건, 양말 등 여러 제품을 판매하지만 주력 상품은 '톡톡 레깅스'다. 판매할 때마다 순식간에 품절될 뿐만 아니라 구매 고객들이 자발적으로 인증 사진을 올릴 만큼 인기가 많다. 매년 다양한 디자인과 예쁜 색상들을 선보이고 있으며 레깅스의 인기에 힘입어 '고퀄리티 착한 가격'이라는 이미지가 만들어졌다. 아이들이 레깅스를 많이 입는 겨울이 되면 고객들은 엔비마켓의 레깅스 판매를 기다리게 된다.

나만의 제품을 발견하는 기쁨

#끊임없는 연구만이 답이다

세포마켓 관련 질문 중 가장 많은 받는 질문은 "판매하는 제품은 주로 어디에서 찾나요?"라는 질문이다. 대개 하나의 쉬운 정답을 줄 거라는 기대감이 있겠지만 경험상 그런 곳은 없다. 사이트에 가입만 하면 어떤 제품이든 골라서 판매할 수 있다고 광고하는 인플루언서 플랫폼이나 쇼핑몰 회사들도 그들이 가지고 있는 제품의 범위 안에서만 판매가 가능하고 그런 곳에서만 제품을 선정하면 경쟁우위를 가지기 어렵다. 본인이 관심 있어 하는 분야의 쇼핑몰, 세포마켓, 플리마켓, 박람회 등 종류를 가리지 않고 손품과 발품을 팔아야 한다. 세포마켓을 운영한다는 것은 그 분야의 전문가가 되는 것이다. 어떤 분야든 전문가가 되려면 시간과 노력을 많이 들여 정성을 쏟아야 한다는 걸 명심하자.

여우마켓의 주 고객은 엄마다. 육아용품 분야는 이 분야에 이미 전문가 수준인 엄마들이 많아 그들의 니즈를 만족시키는 제품을 판매하기 위해서는 사용자인 아들의 선호와 행동 발달뿐 아니라 육아용품 시장 전반에 대해서 늘 관심을 가져야 한다. 나 역시 하루에도 몇 번씩 팔로워들이 어떤 제품을 쓰고 만족하는

▽ 교구 공부하는 윤우맘

지, 다른 육아용품 세포 마켓에서는 어떤 제품들을 판매하고 있는지, 그들의 팔로워들은 그 제품에 만족하는지 살펴본다. 인스타그램 광고는 사용자가 검색하거나 자주 방문하는 피드와 성격이 비슷한 제품의 광고를 보여주기 때문에 새로운 제품을 광고에서 보면 꼭 확인해본다. 인스타그램에서는 해시태그도 팔로우할 수 있는데, #교구 #엄마표영어 #책육아 등 판매하는 제품과 관련된 해시태그와 #여우마켓 해시태그를 팔로우하면서 최신 동향과 고객들의 후기를 받아보고 있다.

수입 제품의 경우 대개 수입 총판이 있는데 오픈 마켓에 제품을 공급하는 경우도 많아서 공구를 진행하는 것 자체는 어렵지 않다. 세포마켓을 하나의 오픈 마켓 판매자로 보기 때문에 도매가로 제품을 받아올 수 있다. 현재 판매하는 수입 교구들은 수입 총판 대표 메일로 연락을 해서 시작하게 된 경우가 대부분이다. 수입 총판과 한번 인연이 닿으면 이후에 공구를 하기도 용이하다. 수입 완구들은 주기적으로 신제품이 수입되기 때문에 시간이 날 때마다 홈페이지에 방문해서 좋은 교구들이 없는지 살펴본다. 베이비 페어나 유아교육전과 같은 오프라인 박람회나 헬로네이처, 마켓컬리와 같이 엄선한 제품들을 모아 놓은 플랫폼들도 자주 방문한다. 구매하고 싶다는 생각이 들면 구매해서 사용해보고, 본사 메일이나 문의 게시판에 문의를 남긴다. 회신이 없거나 세포마켓에는 제품을 판매하지 않는다고 하는 경우도 많지만, 지속해서 문을 두드리다 보면 만족스러운 제품을 발굴할 수 있다.

#새로운 길을 개척하자

발품을 팔다 보면 생각보다 많은 군소 브랜드에서 퀄리티 좋은 제품을 생산하고 있는 경우를 종종 발견한다. 판매 채널이나 마케팅이 부족한 브랜드들이 많아 먼저 손을 뻗으면 파트너십을 맺고 싶어 하는 경우가 많다. 흔하게 알려진 제품이 아닐 경우, 초반에 홍보하는 것이 조금 어려울 수 있지만, 고객들이 제품력

▽ 정보 공유

▽ 공구 시작

2019년 2월, 구매한 제품을 아들이 좋아해서 제품 정보를 공유했다. 이후 제품 관련 문의가 많이 들어와 3월부터 공구를 시작했다. 이 제품은 인기가 많아 현재 7차 공구까지 했다.

▽ 7차 공구

을 알아주기 시작하면 정기적으로 수익을 올릴 수 있다. 1년 전즈음에 새벽 배송을 하는 업체에서 구매한 배즙을 아들이 유난히 좋아해 본사에 연락을 했다. 제품 용기나 홈페이지를 살펴보는 것만으로도 본사 연락처는 생각보다 쉽게 구할 수 있다. 인스타그램 공구 경험이 없는 농장 대표님이라 우려하시는 부분이 많았지만 세포마켓의 좋은 점과 마케팅이나 홍보에서 내가 기여할 수 있는 부분에 대해 긴 시간 설득한 끝에 허락을 받을 수 있었다. 최근 7차까지 공구를 마쳤고, 다음 공구를 기다리고 있다는 고객들의 연락이 많이 온다. 여우마켓과의 거래를 통해 공구에 대한 믿음이 생긴 대표님이 판매자를 더 찾고 싶다고 해서 평소 소통하던 다른 판매자를 소개해주기도 했다.

#발품으로 일궈낸 교구맛집

다양한 제품을 판매하는 세포마켓을 운영하고자 한다면 특정 시기에 꼭 필요한 주력 상품이 있는 것이 재방문을 유도하는 데 유용하다. 주력 상품은 제품군일 수도 있고, 하나의 제품일 수도 있다. 여우마켓의 주력 상품은 아이들을 위한 교구다. 공부를 오래 한 '만년 학생' 엄마라는 캐릭터와도 잘 맞는 품목이며, 실제로 육아를 하는 데 있어 가장 많은 관심과 시간을 쏟는 제품군이

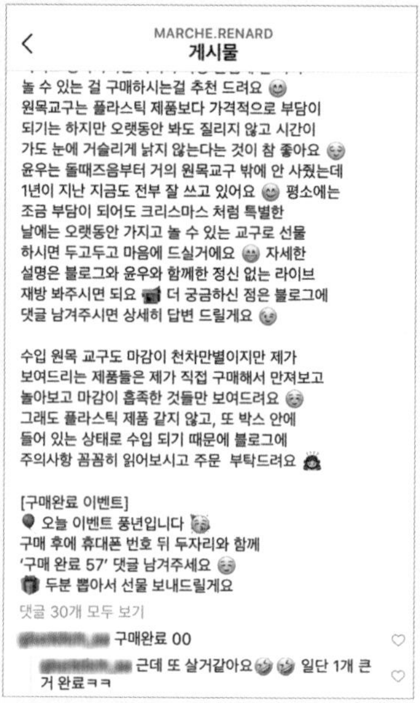

교구맛집 여우마켓

기도 하다. 텐더리프, 자노드, 고키, 러닝 리소스 등 해외 브랜드 공구를 열 때마다 수입업체와 함께 오랜 시간 상의한 후에 진행한다. 비슷한 종류의 교구 공구를 하는 세포마켓들이 많아 다양한 제품을 연령별, 발달사항별로 묶어서 판매하는 것으로 차별화한다. 특히 어린이날이나 크리스마스와 같이 아이들에게 선물하는 날에 맞춰 다양한 종류의 교구를 준비한다. 수입품이라 샘플을 무료로 받지 못하지만 매력적으로 보이는 제품이라면 사비로 구입해 아이의 놀이 방식을 직접 보고 판매를 결정하는데 예쁜 사진보다는 상세한 설명과 놀이 방식 등 실질적인 부분으로 어필한다. 아들과 함께 사용하는 모습을 라방으로 보여주면 궁금증을 쉽게 해소할 수 있어 엄마들이 좋아한다.

최근에는 잘 알려지지 않은 수입 교구 및 국내에서 출판되는 책과 교구들을 유통하는 유아 제품 업체와 파트너십을 맺었다. 이 업체는 단발성으로 인플루언서들에게 제품을 대주는 곳이 아니라 파트너십을 맺고 한 달에 몇 차례씩 교구나 서적을 공급해 주는 업체였다. 파트너십을 맺기 전에 미리 2회 정도 판매를 해 보니 반응이 좋아 정기적으로 제품을 판매하기로 했다. 아들의 연령과 발달 과정에 맞는 제품을 최우선으로 하고 업체에서 제안한 그달의 교구 중 나와 아이, 그리고 팔로워들에게 잘 맞는지 고려해서 최종적으로 결정한다. 현재는 정기적인 판매를 위해서 고정된 요일과 시간에 공구를 진행하고, 공구를 오픈하는 첫날 교구나 책과 관련된 라방을 진행하는 방식으로 운영 중이다.

생산 관리

자체 제작의 딜레마

국내에는 OEM/ODM 형식으로 제품을 만들어 주는 공장들이 많다. 세포마켓을 운영하면서 관련 업체들과 긴밀하게 소통하다 보면 큰 비용 없이 자체 제작 상품을 만들 수 있는 채널들을 알게 된다. 앞서 언급한 화장품뿐만 아니라, 유아용품, 의류, 먹거리 등 아이디어와 최소 수량에 대한 보증만 있으면 공장을 소유하지 않아도 생산할 수 있다. 물론 원하는 퀄리티나 디자인을 구현해 줄 공장을 찾는 것은 많은 정성과 노력이 드는 일이지만 명확한 목표가 있으면 불가능한 일도 아니다.

세포마켓에서 판매하는 자체 제작 제품은 고객들에게 미리 주문을 받아서 제품을 생산하는 '프리오더pre-order'가 일반적이다. 의류나 신발을 판매하는 '꺌랑'이나 아동복을 제작하는 '리미떼두두' 등 유명 세포마켓들도 주로 프리오더 방식으로 판매하기 때문에 인스타그램 세포마켓을 이용하는 대부분의 고객들은 주문 후 제품 생산에 이어 배송까지 수

일 혹은 수주를 기다려야 하는 것이 새롭지 않다. 프리오더는 세포마켓 판매자의 재고 부담을 줄여주고 재고 관리에 따라 발생할 수 있는 비용을 감소시켜 주므로 동급의 퀄리티를 가진 기성 브랜드의 제품보다 경쟁력 있는 가격을 책정할 수 있다. 자체 제작 제품을 판매하면 다른 세포마켓들과의 가격 경쟁을 피할 수 있을 뿐만 아니라 다른 곳에서는 판매하지 않는 해당 세포마켓만의 제품이라 독자적인 고객층도 확보할 수 있다. 또한 공구나 사입처럼 다른 브랜드, 도매상, 유통업자의 마진을 떼지 않아도 되니 마진율이 높다. 제작을 한 공장이나 공장을 연계해준 업체에서 배송까지 해주는 경우도 많아 생각보다 큰 부담 없이 진행이 가능하다.

이렇게 생각하면 자체 제작을 하지 않아야 할 이유가 없어 보인다. 하지만 자체 제작을 섣불리 시작했다가는 이미 확보해 놓은 팔로워를 잃을 수 있는 위험이 존재한다. 사입이나 매입의 형태로 판매를 하거나 공구를 하는 경우에도 책임감이 따르지만, 본인의 이름을 걸고 제품을 제작할 때는 그에 따르는 위험이나 책임을 모두 오롯이 혼자 감당해야 한다. 특히 대량 생산을 하다 보면 최초 샘플과 대량 생산 후의 기성품에서 차이가 나는 경우가 더러 있다. 공장에서 제품 생산을 제대로 하지 못한 것일지라도 이로 인한 문제 역시 본인이 책임져야 한다. 그러므로 공정에 대한 이해와 모니터할 수 있는 자원, 그리고 인력이 바탕이 되어야 한다. 최초의 생각이 기성품에 잘 반영되도록 확인하고, 검사하고, 검수하는 절차를 몇 번이고 반복해야 한다. 모든 고객을 100% 만족시킬 수 있는 제품은 세상 어디에도 없다 할지라도 적어도 본인이 추구하는 캐릭터와 일맥상통하는 제품을 만들 수 있도록 노력해야 한다. 게다가 프리오더의 경우 교환 및 환불이 어렵고, 길게는 3~4주 정도의 긴 배송 기간이 소요되므로 그 정도의 불편을 감수할만한 제품이어야 한다.

이런 어려움에도 불구하고 자체 제작을 하고자 한다면 어떤 방식으로 할지 가장 먼저 결정해야 한다. 쉽게는 시장 옷을 사입해서 판매하다가 판매량이 증가하면 원단이나 색상만 독점하여 제작을 의뢰할 수 있다. 기본 디자인은 누구나 팔 수 있는 사입 제품이지만 특정 디테일이나 색상을 가진 '자체 제작' 제품이 되는 것이다. 이 경우에는 디자인을 따로 하지 않아도 되고, 퀄리티도 미리 확인이 가능하다는 장점이 있다. 두 번째로 공장이나 도매업체에서 이미 가지고 있는 원료나 디자인을 가지고 '자체 제작'이라는 이름으로 출시할 수 있다. 공장에는 만들어놓은 시제품들이 많은데 아직 판매처나 브랜드를 만나지 못한 경우가 많다. 이 경우는 많은 제품들 중 나와 맞는 제품을 선택하는 눈이 중요하다. 세 번째는 말 그대로 '자체 제작'이다. 원료, 원단, 디자인, 색상까지 전부 새로 만드는 방식을 말한다. 어떤 방식이든 자체 제작은 성공하면 이득이 크지만 그만큼 실패에 따른 타격도 크기 때문에 다음의 체크리스트를 확인하고 차근히 계획하고 준비한 후에 실행하는 것이 좋다.

- 자체 제작 상품의 기획, 생산, 배송을 책임질 인력과 자원 그리고 전문성이 있는가?

- 기존에 나와 있는 제품들과 확실하게 다른 강점이 있는가?
- 제품 판매 후 고객관리가 가능한가?
- 공장 최소 수량을 판매할 수 있는 능력이 있는가?
- 고객들이 프리오더에 따른 불편함을 기꺼이 감수할 준비가 되었는가?
- 미리 생산해야 한다면 재고 관리가 가능한가?

비싸게 치른 첫 수업료

여우마켓이 점차 엄마들에게 '교구맛집'으로 인정받아 가면서 2019년 초에는 교구를 자체 제작해야겠다는 생각이 들었다. 다양한 종류의 교구를 매일 찾아보고 테스트하면서 어떤 교구가 아이들과 엄마들에게 인기가 많을지 대략적인 아이디어가 있었기 때문이다. 다만, 제품을 만드는 건 처음이다 보니 디자인을 아예 새로 하기보다는 이미 있는 제품에서 모티브를 따기로 했다. 외국에서는 여러 디자인으로 이미 흔하게 퍼져 있지만 한국에서는 이제 막 만들어지기 시작한 제품군을 만들기로 결정하고 비슷한 샘플을 외국 사이트에서 구매했다. 자체 제작 경험이 없던 내가 하기에도 쉽고 단순한 과정이었지만 결과는 실패였다. 초도 생산량만 판매하고 제작을 중단해 KC인증 비용도 충당하지 못한 채 손해를 봤다.

실패의 가장 큰 원인은 자체 제작을 너무 쉽게 생각한 것이었다. 1년 동안 세포마켓을 운영하면서 알게 된 많은 사람들의 도움으로 외국에서 제품을 사고, 비슷하게 제작해 줄 공장과 배송업체를 찾는 건 쉬웠다. 기존에 거래하던 원목교구 수입업체 대표님이 공장을 소개해줬고, 재고 보관과 배송도 그 업체에서 대행해주기로 했다. 하지만 이미 보편적으로 접근이 가능한 디자인을 엇비슷하게 만들려고 했다는 것부터가 결국 실패할 수밖에 없었다. 이를 깨닫는 데는 그리 오랜 시간이 걸리지 않았다. 여우마켓의 이름을 걸고 제작하는 제품은 여우마켓만의 톤앤드매너를 가지고 있어 쉽게 카피할 수 없는 고유한 것이어야 한다는 점을 간과한 것이다.

한국 공장에서 제품을 제작하면 중국 공장보다 품질이 좋고 빠르지만, 단가가 높기 때문에 디자인이나 다른 방면으로 승부를 봐야 한다. 고객들에게 미리 주문을 받고 정산을 하는 공구와는 달리, 자체 제작은 공장에 상품 대금을 미리 지불해야 하는 금전적인 부담도 있다. 일단 큰 비용을 안고 시작했기 때문에 엄마들에게 부담을 주지 않는 기존의 판매 방식을 고수하기 어려웠다. 직접 재고를 관리하면서 판매하는 것이 아니라 다른 업체에 맡겨 놓은 상태에서 빨리 재고를 소진해야 한다는 부담감이 들었다. 공구처럼 며칠만 판매하고 끝내는 게 아니라 생산된 재고를 전부 판매해야 했기 때문에 홍보와 마케팅에도 어려움을 겪었다. 결국 가격을 조정해 원가로 판매했고, 남은 제품들은 전부 기부하기로 했다. 자체 제작은 판매부터 책임까지 기존 제품과 다르다는 것을 깨달은 값비싼 경험이었다.

셀프 인테리어 전문가 #레이앤드

@ray.pk, 6.9만 팔로워

홈스타일링 브랜드 '레이앤드'를 운영 중인 박새봄 씨는 몇 년 전 결혼을 하고 신혼집을 꾸미는 과정을 인스타그램에 공유했다. 어려서부터 집을 꾸미는 것을 좋아해 셀프 인테리어가 취미이자 즐거움이었다. 그 때만 해도 홈스타일링 소품이 많지 않았던 터라, 그녀가 발품 팔아 꾸며 놓은 모던하고 세련된 신혼집 인테리어는 인스타그램에서 금세 인기를 얻었다. 많은 사람들이 그녀를 '셀프 인테리어 전문가'로 인정해준 것이다. 그녀의 블로그나 인스타그램에는 일반인도 인테리어 업체 없이 스스로 집을 꾸밀 수 있는 방법들이 상세하게 공유되어 있다. 최근에 이사하면서 집을 새롭게 단장했는데 이번에도 작업하는 과정을 인스타그램과 블로그에 공유했다. 그녀는 팔로워들이 원하는 정보를 제공하고자 전반적인 인테리어와 홈스타일링에 관해 늘 연구하고 공부하는 '리서슈머'가 되었다.

공간 디자인을 전공하고 인테리어 회사에 다니면서 필요한 소품이

출처: ray.pk

▽ 인테리어 전(왼쪽)과 후(오른쪽)

나 가구를 하나씩 만들긴 했지만 본인만의 브랜드를 만들겠다는 생각은 한 적이 없다. 그런데 사람들의 문의가 점점 많아지자 판매를 고민하게 되었다. 이후 소소하게 제품을 만들어 팔면서 취향을 공유하는 고객들이 생겼지만, 다니던 회사를 관두고 '사업'을 해야겠다고 결심하기까지는 많은 고민이 있었다. 만약 제대로 판매하게 된다면 지금까지 해왔던 것처럼 '자체 제작'을 하고 싶었기 때문이다. 이런 숱한 고민 끝에 탄생한 것이 '레이앤드'다. 홈스타일링에서 중요한 것은 '디테일을 놓치지 않는 거'라고 생각한 그녀는 적은 돈으로도 집의 분위기나 스타일을 바꿀 수 있는 액자나 러그 등을 주로 판매한다. 모든 제품에는 그녀만의 모던한 감각이 깃들어 있어 추구하는 인테리어와 캐릭터 그리고 제품

출처: 레이앤드 블로그

셀프 인테리어 정보를 담은 블로그

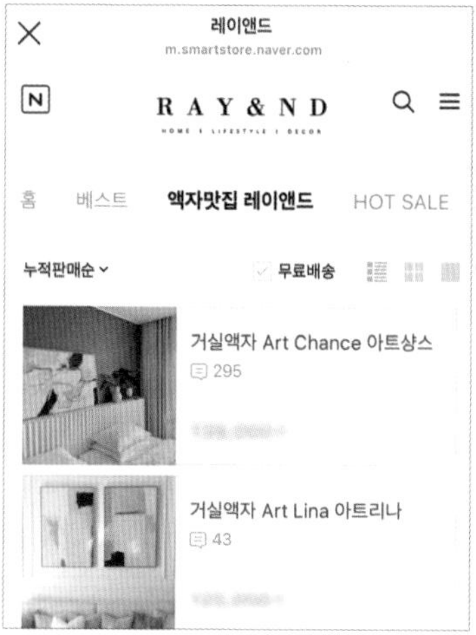

출처: 레이앤드 스마트 스토어

액자맛집 레이앤드 스마트 스토어

의 삼박자가 잘 맞는다. 인테리어에 관심 있는 사람들이 '가심비'가 훌륭하다고 여길만한 제품들이다.

대부분의 제품이 자체 제작이기 때문에 '레이앤드' 특유의 브랜드 캐릭터를 잘 유지하고 있고, 팔로워 수가 늘어남에 따라 상대적으로 재고 소진 부담은 줄었지만, 힘든 점도 많다. 얼굴을 걸고 제품을 만들고 판매까지 해야 하는 만큼 일련의 과정을 전부 책임져야 한다는 것이 때로는 버겁고 더 좋은 제품을 만들어야 한다는 중압감도 커졌다. 더구나 인스타그램이 확산되고 세포마켓들이 늘어나면서 비슷한 제품이나 분위기를 가지고 있는 업체들이 늘어나 '레이앤드'만의 색이 묻어나고 기다려준 고객들의 마음을 만족시킬 수 있는 제품을 만들기 위해 늘 고민한다.

피드 관리

크리에이터가 아닌 큐레이터

10년 전만 해도 소비자들은 제품에 대한 정보를 얻으려면 블로그를 검색하거나 관련 잡지나 신문을 읽어야 했다. 블로그가 유행하면서 많은 기업들이 블로거들에게 돈이나 제품을 제공하는 리뷰 광고를 이용하게 되었고, 상업적인 광고들로 인해 소비자들에게 신뢰를 잃기 시작했다.

이후 밀레니얼 세대가 새롭게 선택한 것이 SNS와 동영상 플랫폼이다. 그중에서도 정보가 빠르게 공유되는 인스타그램과 유튜브를 많이 이용한다. 인스타그램 사용자들의 95%가 유튜브를 사용하는 만큼 두 플랫폼은 밀레니얼 세대에게 필수다.[11] 그런데 두 플랫폼은 콘텐츠의 내용, 목적, 그리고 수익을 내는 방법에서 큰 차이가 있어 사용자들이 인스타그램과 유튜브를 사용하는 이유도 다르다. 그러므로 인스타그램에서 세포마켓을 운영하려면 두 플랫폼의 차이를 통해 인스타그램의 특성을 보다 깊이 있게 이해할 필요가 있다.

창조와 제안의 차이

유튜브와 인스타그램은 모두 취향이나 관심을 기반으로 한 이미지와 영상을 매개로 소통한다. 최근 인스타그램에 IGTV 기능이 추가되면서 두 플랫폼이 점점 비슷해진다는 의견도 있지만 콘텐츠를 올리고 수익을 내는 인플루언서인 '생산자' 입장에서도, 인플루언서를 따르는 '소비자' 입장에서도 두 플랫폼은 확실히 다르다.

1인 미디어 유튜브와 1인 마켓 인스타그램 세포마켓의 가장 큰 차이점은 핵심 상품과 지불 주체다. 1인 미디어는 성격상 엔터테인먼트업으로, 콘텐츠를 소비하는 사람이 돈을 내지 않아도 광고 수입이나 협찬 등으로 수익을 낼 수 있지만, 1인 마켓은 판매업이라 피드의 콘텐츠를 보는 것만으로는 돈을 벌 수 없다. 전자의 상품은 인플루언서가 창조create한 콘텐츠로 소비자가 콘텐츠를 시청하면 광고 수익이 발생하는 반면, 후자는 판매 제품이 곧 상품이기 때문에 구매가 이루어져야만 수익 창출이 가능하다. 따라서 피드의 콘텐츠는 마케팅과 홍보 방식일 뿐 궁극적으로는 제품을 팔아야 수익이 난다. 팔로워들이 콘텐츠에만 관심이 있으면 팔로워가 많아도 판매는 생각보다 저조할 수 있다. 팔로워가 많으면 매출이 증가할 확률이 높다는 것이지 매출이 높다는 건 아니다. 다시 말해, 팔로워 수와 관심도가 반드시 매출로 이어지는 건 아니다.

츠타야 서점을 창업한 마스다 무네아키는 소비 사회를 세 가지 단계로 분류했는데, 물건이 부족하여 만들면 팔리는 '퍼스트 스테이지first stage', 상품이 넘쳐나서 플랫폼이 중요한 '세컨드 스테이지second stage',

그리고 상품도 플랫폼도 넘쳐나는 현재를 '서드 스테이지third stage'라고 구분했다.[12] 서드 스테이지에서 제일 중요한 것은, '제안curate라고 하는데, 능력', 즉 '선택의 기술'이다. 이러한 능력을 활용해 일하는 사람을 큐레이터curator라고 하는데, 사전적으로 큐레이터는 '보살피다', '관리하다'라는 뜻의 라틴어 '큐라cura(영어의 care)'에서 유래한 단어다. 흔히 박물관이나 미술관에서 관람객들이 원할만한 작품을 고르고 전시하는 사람이라는 뜻으로 널리 쓰인다. 최근에는 마케팅과 유통 업계에서도 이의 중요성이 대두되어 큐레이터 혹은 큐레이션curation이라는 단어가 심심치 않게 보인다. 세포마켓도 성공하기 위해서는 팔로워들의 취향과 라이프스타일에 맞는 제품과 정보를 적절한 시기에 제안하는 것이 중요하다.

유튜브 인플루언서들은 콘텐츠를 창조하는 일을 하기 때문에 '크리에이터creator'지만 세포마켓을 운영하려면 '큐레이터'가 되어야 한다. 예를 들어 '아름다움을 추구하는 싱글 여성'인 인플루언서가 세포마켓을 운영한다고 생각해보자. 그녀를 따르는 팔로워들도 인플루언서와 비슷한 관심사와 취향을 가진 사람들일 것이다. 판매를 촉진하기 위해서는 싱글 여성들이 관심 있어 할만한 다이어트 보조제, 화장품, 뷰티 디바이스, 의류 등 팔로워들의 취향에 맞는 제품을 엄선해서 제안해야 한다. 피드에 올릴 때도 인플루언서의 일상에 제품이 어떻게 들어가 있는지를 매력적으로 보여주는 동시에 팔로워들이 궁금해할만한 정보까지 담아 제안하면 좋다. 반면, 유튜브 채널을 운영하고 있다면 다이어트와 관련된 '운동' 콘텐츠, 화장품과 관련된 '메이크업' 콘텐츠, 혹은 의류와 관련된 '스타일링' 콘텐츠 등 특정 분야와 관련된 콘텐츠를 집중적으로 제작하여 공유하는 것이 일반적이다.

유튜브에서 뷰티 크리에이터로 유명한 '씬님'은 메이크업을 주제로 콘텐츠를 제작한다. 인기 있는 콘텐츠들을 보면 '겨울왕국 엘사 메이크업', '니 나이 땐 화장 안 해도 이쁘지 않은 고딩을 위한 메이크업', '-5kg 날씬해 보이는 메이크업 튜토리얼' 등이다. 씬님의 유튜브를 보려면 30초 정도의 광고를 시청해야 한다. 간혹 크리에이터들이 브랜드나 기업에서 돈을 받고 콘텐츠를 제작하기도 하지만 주요 수익원은 시청자들이 광고를 봤을 때 적립되는 돈이다. 광고를 보더라도 시청하고 싶은 매력적인 콘텐츠를 만드는 것이 가장 중요하다.

반면, 인스타그램에서 '오하이오후'라는 브랜드로 세포마켓을 운영하는 **고밤비**(@go_bambi, 16.6만)는 미용에 관심 있는 여성들이 좋아할만한 의류, 화장품, 건강식품 등을 판매한다. 그녀의 인스타그램 피드에는 어떤 맛집에서 점심을 먹었는지, 오늘 날씨가 어땠는지, 강아지는 잘 지내는지 일상의 이야기를 공유한다. 그리고 그 일상 안에서 판매하는 제품을 소개하고, 홍보하고, 관련 팁을 공유하며 제품에 대한 팔로워들의 의견도 듣는다. 그녀는 인스타그램 피드에 사진을 올리는 데 투자하는 시간보다 팔로워들이 좋아할만한 제품을 찾고, 고민하고, 써보는 데 더 많은 시간을 보낸다. 콘텐츠를 창조하는 사람과 제품을 고르고 제안하는 사람의 차이가 여기에 있다.

피드의 큐레이션

세포마켓은 브랜드나 기업에서 유료 광고를 의뢰하지 않는 한 피드에 올리는 콘텐츠만으로는 수익을 낼 수 없기 때문에 제품의 선정과 제안이 제일 중요하다. 하지만 그렇다고 해서 피드에 올리는 콘텐츠를 간과해서는 안 된다. 피드는 팔로워들이 인플루언서를 알아가고 신뢰하는 데 중요한 역할을 한다. 오프라인 매장으로 치면 간판이자 디스플레이인 셈이고, 사람으로 치면 얼굴이자 취향을 드러내는 그 사람의 이미지다. 세포마켓의 고객들은 피드를 보고 팔로우했다가 팔로우한 사람에게 신뢰가 쌓이면 제품을 구매하는 경우가 많기 때문에 피드는 잠재 고객들에게 남기는 첫인상이다.

최근에는 기업이나 브랜드에 콘텐츠 큐레이터contents curator라는 직업까지 생겼다. 이들은 브랜드나 기업을 위해 구독자 취향 정보curation factor를 분석한 콘텐츠를 SNS에 올리는 일을 한다. 올리는 콘텐츠는 팔로워들과 관련이 있어야 하고, 시간이 지나도 의미 있으며, 흥미로우면서도 유용해야 한다. 개인적으로 느껴지는 콘텐츠가 마음에 더 와닿기 때문에 지나치게 장사꾼처럼 보여서는 안 된다. 이러한 원칙은 세계적인 브랜드나 기업들도 지키고 있는 것으로 세포마켓이라고 예외는 아니다.

세포마켓을 운영하는 인플루언서들이 하는 일은 기업의 콘텐츠 큐레이터가 하는 일과 다를 바 없다. 그들은 팔로워들, 즉 잠재 고객들의 취향 정보를 바탕으로 매력적인 콘텐츠를 정기적으로 피드에 올린다. 판매하는 제품뿐 아니라 인플루언서 자신과 자신의 라이프스타일을 '매력'적으로 표현할만한 콘텐츠를 계획하고 만든다. 여기에서의 '매력'은 모든 사람에게 통할 필요는 없다. 본인의 팔로워들과 잠재 고객들에게 어필하는 것이면 된다. 최근 출시된 삼성전자의 비스포크 냉장고는 인스타그램에 리빙, 인테리어 분야의 인플루언서들이 올린 콘텐츠가 유난히 많았다. 이는 삼성전자가 인플루언서들에게 콘텐츠 큐레이팅을 아웃소싱한 것으로 개인의 취향과 개성이 드러나는 '가구 같은 가전'이라는 점을 강조한 제품이었기 때문에 이를 이용한 것은 좋은 전략으로 보인다.

삼성전자뿐 아니라 많은 기업에서 인스타그램 인플루언서를 마케팅에 활용하는 경우가 점점 늘어나고 있는데, 밀레니얼 세대에게 인스타그램은 관심 있는 분야의 가장 '핫'한 정보를 얻을 수 있는 곳이기 때문이다. 인플루언서의 계정에 방문하면 게시물을 보고 정보를 묻는 사람들을 쉽게 볼 수 있다. 제품을 어디에서 구매했는지, 인테리어를 맡긴 업체는 어디인지, 어떻게 하면 청소를 잘할 수 있는지 등 질문도 다양하다. 2019년 통계를 보면, 인스타그램 사용자의 60%가 인스타그램에서 새로운 정보와 제품을 발견했다.[13] 그렇기 때문에 피드에 올리는 콘텐츠는 표적시장에 공감이 가고 유용한 정보를 제공해주는 것이어야 한다. 피드의 콘텐츠가 표적시장에 도움이 되는 정보라면 더 많은 사람들이 더 오랜 시간 동안 피드에 머물게 될 것이고, 댓글을 달고, 친구들에게 공유도 할 것이다. 궁극적으로는 인게이지먼트가 올라갈 것이다. 또한 공감이 가는 피드 큐레이션을 통해 소통을 유도하면 앞으로 판매할 제품에 대한 아이디어는 물론 고객들의 선호나 관심이 어디로 향하는지도 알 수 있다.

인테리어와 관련된 콘텐츠를 공유하고 싶어 하는 사람이 있다고 가정해보자. 우연히 올린 인테리어 사진이 인기 게시물이 되자 탐색 화면의 메인에 추천 게시물로 떠올라 새로운 사용자들이 많이 유입되었다. 그 후에도 계속 유사한 사진만 게시한다면 새로운 사람을 유입하는 데는 좋을지 몰라도 이미 팔로우를 한 사람들의 흥미를 오래 붙잡아 두기는 어렵다. 그러다 결국 잊히는 계정이 될 수 있다. 콘셉트가 확실한 건 좋지만 콘셉트를 표현하는 방법을 매번 동일하게 하기보다는 다양한 방법으로 유용한 정보를 지속적으로 제공해야만 팔로워들의 관심을 유지할 수 있다. 그러므로 세포마켓에서 제품을 판매하기 시작하면 피드 큐레이션에 신경을 더 써야 한다.

누누래빗(@nunurabbit, 8만)은 유용한 살림 팁이 가득한 인스타그램 세포마켓이다. 리모컨을 어떻게 정리해야 하는지에 대한 소소한 팁부터 욕실 청소는 어떻게 하면 가장 효율적인지에 대한 조언까지 다양한 정보가 있다. 듣고 싶은 팁을 물어보는 이벤트도 진행하고, 유용한 제품을 판매하는 다른 판매자의 정보도 공유한다. 올리는 정보는 늘 깔끔하고 예쁜 색감의 사진과 함께 게시하는데 그녀의 취향이 반영된 블랙앤드화이트 톤의 심플한 사진들이 많아, 심미성과 정보성을 모두 확보하고 있다. 누누래빗에서는 수납함, 휴지통, 주방매트 등 살림에 필요한 제품을 판매하고 있지만, 피드의 큐레이션 덕분에 팔로워들에게 장사꾼이라기보다는 좋은 정보를 공유하는 살림 고수로 느껴진다.

오피셜 계정의 득과 실

세포마켓을 시작하면서 기존에 팔로워들과 사용하던 개인 계정 외에 '오피셜 계정'을 새로 만드는 경우가 종종 있다. 개인 일상을 기록하던 피드에 상업적인 내용을 올리는 게 불편하고, 개인 일상과 상업적인 정보 사이에 균형을 맞추기가 쉽지 않기 때문이다. 장사꾼으로 비춰지는 게 싫으면서도 판매자가 되면 어쩔 수 없이 집중적으로 제품을 홍보하고 싶은 욕구가 생기니 개인 계정과 세포마켓 계정을 분리하는 것이 이상적으로 느껴진다. 세포마켓과 관련된 소식과 정보만 알려주는 채널이 따로 있으면 관리도 쉬울 것 같다. 인스타그램은 이메일 주소 하나로도 계정을 개설할 수 있고, 앱에서 여러 계정을 손쉽게 관리할 수 있기에 두 개의 계정을 운영하는 것 자체는 별다른 노력을 필요로 하지 않아 고민을 더욱 부추긴다.

하지만 대개의 인플루언서들이 단일 채널을 운영하는 만큼 계정 분리에 따른 득실을 잘 따져 봐야 한다. 오피셜 계정의 가장 큰 문제는 인플루언서와 팔로워들이 가지고 있던 친밀한 관계가 사라진다는 것이다. 더구나 팔로워들은 인플루언서의 일상이 담긴 피드를 보고 제품을 알아가고 구매 욕구가 생기기 때문에 제품만 홍보하는 계정은 매력이 떨어진다. 오피셜 계정을 따로 만들어야 할 명확한 이유가 있는 것이 아니라면 하나의 계정에 집중하는 것이 좋다.

그런데도 오피셜 계정을 운영하려면 그만큼의 시간과 정성 그리고 인력이 필요하다. 피드의 콘텐츠 큐레이션은 오피셜 계정에서도 매우 중요하다. 제품으로만 의미 있고 흥미로우면서 개인적으로 공감되는 콘텐츠를 만드는 것은 쉬운 일이 아니다. 사용자들의 관심을 끌어당기려면 심미적으로 뛰어난 사진이나, 브랜드의 정신을 담은 의미 있는 내용이거나 팔로워들이 궁금해할만한 정보(할인이나 신상품 소식 등)를 자주 올려야 한다. 팔로워들이 계속 방문하고 싶은 계정을 목표로 만들어야 하는 것은 개인이나 오피셜 계정이나 마찬가지다. 팔로워가 많은 인플루언서가 오피셜 계정을 만든다고 하면 기존 팔로워들이 팔로우를 해줄 수 있지만 지속해서 팔로워들과 관계를 유지하려면 개인 계정과는 또 다른 노력이 필요하다. 그러지 않으면 차별성이 없고 소통과 참여가 없는 계정이 되어 이내 잊히고 만다.

여성 의류 브랜드인 **블랑쇼**(@blanchot.kr, 1.5만)는 최근 **노지영**(@blan_jenny, 2.7만) 씨의 개인 계정과 블랑쇼의 오피셜 계정을 분리했다. 디자이너 브랜드라는 전문적인 느낌을 내고 싶어서 오피셜 계정을 따로 관리하기로 했다고 한다. 오피셜 계정에서는 제품이 만들어지게 된 배경, 작업 일지, 후기, 그리고 신상품 소식을 가장 먼저 접할 수 있다. 운영자인 노지영 씨의 개인 계정보다 팔로워 수나 '좋아요' 수는 적은 편이지만 표적시장이 원하는 제품 제작이나 비하인드 스토리가 담겨 있어 꾸준히 찾아오는 고객들이 많다. 신제품 오픈 날짜를 가장 먼저 알 수 있는 채널이기도 하다.

집스타그램에서 육아스타그램으로 #코코누누

@nayoung.lee.0502, 4.6만 팔로우

'코코누누'를 운영하는 이나영 씨는 요리와 인테리어에 관심이 많아 이를 개인 계정에서 공유하던 평범한 일반인이었다. 상업적인 목적 없이 좋아하는 분야를 연구하고 알아보는 것이 즐거웠다. 결혼을 하고 요리와 인테리어 관련 사진들을 많이 올리면서 인테리어 정보에 관해 묻는 사람들이 많아졌고, 좋은 물건들을 공유하고 함께하고 싶은 생각이 점차 들었다.

인테리어나 요리에 대한 관심사를 공유하는 팔로워들이 많던 초창기에는 인테리어 소품을 만들어서 판매하기도 했다. 아들을 출산한 후 집에 있는 시간이 많아지다 보니 인테리어 관심사가 확장되어 아이가 있는 집의 인테리어, 인테리어를 해치지 않는 육아용품, 그리고 아이의 발달에 도움이 되는 교구들까지 연구하기 시작했다. 요리와 인테리어를 하던 감각은 아이를 위한 제품을 고르는 데도 큰 역할을 했다. 이제는 아이들을 위한 교구나 책, 육아를 하는 엄마들을 위한 육아용품, 생활

출처: nayoung.lee.0502

▽ 예쁜 사진 속 다양한 육아 정보

용품, 살림 관련 제품 등 다양한 제품을 제안한다.

팔로워들은 그녀가 고르고 제안한 제품들이라면 아이의 발달에 좋을 뿐 아니라 엄마 눈에도 흡족할 만큼 예쁠 거라는 믿음이 있다. 그러한 믿음은 그녀가 올리는 피드 때문이다. 피드 곳곳의 그녀의 집을 보면 아이를 키우는 집은 예쁘지 않다는 편견이 단번에 없어진다. 아이를 위한 공간을 충분히 제공하면서도 예쁜 집을 만들 수 있다는 것을 보여준다. 최근에는 독일로 잠시 거처를 옮겼는데 그 집 또한 그림 같이 예쁘다. 피드에 올리는 사진 속 인테리어 소품과 아이가 사용하는 제품은 늘 출처를 알려주고, 어디에서 어떻게 구매하면 되는지도 알려준다. 집을 예쁘게 꾸미고 싶은 아이 엄마라면 유용한 정보가 가득한 곳이다. 또한 제품 판매를 하기에 앞서 아들과 꼼꼼히 사용해보고 여러 각도로 사진도 찍는다. 아들이 잘 가지고 놀고, 가격도 너무 비싸지 않은 제품들을 고르려고 노력한다. 아이와 함께해 먹는 음식 레시피나 놀이하는 방법도 공유하는데, 피드뿐 아니라 스토리에도 아들과 함께해 먹은 두부 스테이크, 눈여겨 본 소품이나 가구, 아이와 함께 갈만한 곳 등 다양한 정보를 다양한 방법으로 공유한다. 당장 제품을 구매하지 않는다고 하더라도 인테리어나 육아에 조금이라도 관심이 있는 여자라면 정기적으로 피드에 방문하고 싶은 마음이 든다.

출처: nayoung.lee.0502

▽ 임시 거처(독일)도 매력적으로

그녀의 피드에는 늘 댓글이 많이 달리고 DM으로 문의도 많이 오는데 모두 성실히 대답하려고 노력한다. 이제는 팔로워가 많은 메가 인플

출처: nayoung.lee.0502

친밀하고 활발한 소통

루언서가 되었지만, 아이의 발달에 따른 본인의 육아 고민도 올리며 여전히 인친들과 친밀하게 소통하는 것을 좋아한다.

세포마켓을 시작할 때보다 꽤 규모가 커졌지만 대부분의 업무는 여전히 사무실이나 직원도 없이 혼자서 처리한다. 배송이나 사후 관리 등은 거래처에서 대행해주지만, 콘텐츠 제작, 홍보, 상담, 주문서 정리 등은 모두 그녀의 업무다. 아들이 자는 시간이나 혼자 놀고 있는 시간을 짬짬이 활용한다. 그렇기 때문에 오피셜 계정은 따로 운영하지 않는다. 두 개의 계정을 따로 운영할 인력도 없고 친밀한 소통을 중시하는 그녀의 판매 철학과도 맞지 않는다고 생각하기 때문이다.

제품 선택과 배송까지 어떻게 하는 걸까?

⊙ 제품 선택: 어떤 제품을 판매할 것인가?

- **사입:** 제품을 도매상이나 제조업자에게 구매해서 판매하는 방식이다. 주로 의류나 신발을 동대문에서 구매하여 판매할 때 사용하며 이런 경우 대개 포장 및 배송을 직접 해야 한다.
- **공구:** 할인된 가격으로 기존 제품을 판매하기로 브랜드나 업체와 합의한 후에 홍보나 마케팅을 담당한다. 대개 제조업체나 브랜드에서 배송이나 배송 후 교환 및 반품을 대행해준다.
- **자체 제작:** 직접 디자인한 제품을 공장이나 도매상에 의뢰하여 제작 판매하는 방식이다. 다른 세포마켓에서는 똑같은 제품을 구매할 수 없다는 것이 장점이며, 마진율이 가장 높다.

⊙ 제품 공급: 공구 제품은 어디에서 공급받을 것인가?

- **공구 마케팅 업체:** 다양한 브랜드 본사들과 합의하여 공구가 가능한 제

품을 확보하고 적당한 인플루언서를 찾아 매칭해주는 업체다. 공구가와 공급가가 정해져 있으며, 다른 인플루언서들과의 판매 일정을 조율하여 날짜를 배정해준다. 대개 결제는 인플루언서가 선호하는 방식으로 하고 주문서를 넘겨주면 배송을 대행해준다.

- **공구 마케팅 플랫폼:** 공구 마케팅 업체와 비슷하나, 판매 플랫폼을 가지고 있으며 본인들의 판매 플랫폼에서 판매 후 수수료를 지급한다. 여러 제품과 브랜드 중에 인플루언서가 선택할 수 있다. 인플루언서는 인스타그램에서 제품을 홍보하기만 하면 제품 상세 설명, 주문, 배송 등 나머지 일을 처리해준다.
- **브랜드/제조사/수입 총판 등:** 인플루언서가 직접 연락해서 공구를 요청할 수 있다. 공구는 쉽게 말하면 대량 판매이기 때문에, 가능할 것 같은 품목에 먼저 연락해서 공구가와 공급가를 협의할 수 있다.

✓ 제품 설명: 어떤 플랫폼을 사용해서 제품을 설명할 것인가?

- **인스타그램:** 대개의 인스타그램 사용자들은 매일 들어오기 때문에 새로운 제품을 팔로워들과 고객들에게 손쉽게 보여줄 수 있고 댓글을 통해 실시간으로 고객의 반응을 확인할 수 있다. 대신 이미지와 영상 위주이며 지나간 피드를 검색해서 보기가 어렵다. 댓글에 응대를 했는지 일일이 찾기 어렵다. 글자 수에 제한이 있으며 텍스트 편집이 안 되기 때문에 텍스트가 많으면 가독성이 떨어진다. 결제나 주문서를 받기 위해서는 프로필에 링크를 걸어 외부 업체 혹은 플랫폼으로 이

동을 유도할 수밖에 없다. 최근 페이스북 스토어라는 기능으로 사진에서 외부 쇼핑몰로 바로 연동되는 기능이 있기 때문에 이동이 편리해졌다.

- **네이버 블로그:** 글과 영상, 이미지를 모두 사용할 수 있고 보기 좋게 편집할 수 있다. 지나간 글도 쉽게 검색할 수 있으며, 공개 댓글뿐 아니라 비밀 댓글 기능으로 고객과 판매자 간의 비밀 대화도 가능하다. 네이버 폼이나 결제 서비스 등 외부 링크를 포스트에 포함할 수 있다. 하지만 결제할 수 있는 시스템이 내재되어 있지 않기 때문에 결제 링크를 통해 외부 업체로 이동하거나 무통장 입금 정보만 줄 수 있다.
- **쇼핑몰/스마트 스토어:** 결제가 바로 가능하기 때문에 구매로 이어지기 쉽다. 어떤 쇼핑몰 서비스를 이용하느냐에 따라서 편집할 수 있는 범위가 다를 수 있다. 스마트 스토어를 이용하는 경우 네이버 검색에도 걸릴 수 있다는 장점이 있지만 상시 판매하는 제품이 없다면 유지하기가 어렵다.

주문서: 어떻게 주문을 받을 것인가?

- **외부 결제 서비스:** 결제 업체를 쓰려면 일정 수수료를 내야 하지만, 주문서와 결제가 한 번에 이뤄지기 때문에 고객들에게 편리하다. 판매 웹사이트를 제공해주거나 무통장 입금 시 자동으로 확인해주기도 한다. 다양한 서비스 업체가 있으니 본인의 필요에 맞게 골라서 이용하면 된다.

- **네이버 폼/구글 폼:** 네이버 폼이나 공유 문서 서비스를 이용해서 주문서를 받고, 결제는 무통장 입금이나 신용카드 결제 링크를 보내 진행할 수 있다. 주문서와 결제를 따로 확인해야 하는 번거로움이 있으며, 매번 주문서 양식을 새로 만들어야 한다.
- **인스타그램 댓글 혹은 DM:** 인스타그램 댓글이나 DM은 검색이 어렵고 안정적이지 않다. 댓글로 문의를 받을 수 있지만 댓글이 모두 공개되기 때문에 개인 정보를 받기 불가능하다. DM으로 주문서도 받을 수 있지만, DM은 다른 SNS 메신저보다 사용이 불편하다. 하지만 고객 수가 적고 인스타그램 사진을 보고 즉각적인 구매를 유도하고 싶으면 유용하다.

결제: 결제는 어떻게 할 것인가?

- **카드:** 결제 수수료를 지불하고 업체를 이용해야 한다. 제품 상세 설명 등을 적을 수 있는 간단한 쇼핑몰 기능을 함께 제공해주는 결제 업체들부터 신용카드 결제 서비스만 제공해주는 업체들까지 다양하다.
- **무통장 입금:** 사업자 통장을 개설한 후 무통장 입금을 통해 결제를 할 수 있다. 결제 시스템에 따라서는 무통장 입금 내역과 주문서 내역을 자동으로 확인해주는 경우도 많다. 현금 영수증을 발급해주는 서비스는 꼭 이용해야 한다.

☑ 배송: 제품 배송은 어떻게 처리할 것인가?

- **직접 배송:** 사입하여 제품을 판매하거나 자체 제작을 하는 경우에는 직접 배송을 해야 한다. 이 경우 제품을 포장하기 위한 포장재와 박스를 준비하고, 포장하는 시간과 인력을 염두에 두어야 한다. 배송사에 연락해서 사업자라고 이야기하면 픽업 서비스를 이용할 수 있다.
- **위탁 배송:** 대부분의 공구 제품들은 업체에서 배송 업무를 처리해준다. 사입 의류의 경우에도 위탁 배송을 해주는 서비스들이 있다. 이런 경우 주문서를 넘기면 포장부터 배송까지 해준다.

CHAPTER 4

세포마켓
키우기

세포마켓의 3가지 핵심 요소

마케팅의 대가 필립 코틀러는 디지털 정보기술이 발전한 마켓 4.0 시대에는 이전 시대와는 전혀 다른 형태의 마케팅이 필요하다고 주장했다.[1] 오랫동안 마케팅은 제품을 판매하고 브랜드를 알리기 위해 기업이나 브랜드가 일방적으로 주도하는 일련의 활동들을 가리켰다. 하지만 지금은 소비자들이 생산부터 판매에 이르기까지 모든 과정에 참여할 수 있는 시대다. 마케팅에서 원칙처럼 여겨지던 4P(제품product, 가격price, 유통place, 판촉promotion)는 구시대의 유물이 되어버렸고 첨단 기술의 시대지만 역설적으로 가장 인간적인 감성이 요구되는 마켓 4.0 시대에는 4C(공동창조co-creation, 통화currency, 공동체 활성화communal activation, 소통conversation)를 기반으로 한 마케팅이 중시된다. 이 중에서도 소통, 공동체 활성화, 공동창조는 세포마켓 마케팅에서 핵심적인 3가지 요소다.

세포마켓은 마켓 4.0 시대에서 가장 중요하게 여기는 '젊은이, 여성,

네티즌'이 가장 집약적으로 모여 있는 인스타그램을 기반으로 한다. 인스타그램 세포마켓은 디지털 공동체에 기반하여 인간적인 터치가 적절하게 가미된 형태의 소매 채널로서, 진정한 소비자 공동체를 기반으로 진화된 마케팅이 가능한 곳이며, 마켓 4.0 시대에 가장 적절하고 효율적인 판매 형태다.

소통

대형 마트에 가면 '1+1', '오늘의 신상품' 등 다양한 홍보 메시지를 접하게 되는데 이렇게 기업이나 브랜드에서 제품 판매를 촉진하기 위한 일련의 과정들을 판촉이라고 한다. 전통적인 마케팅에서의 판촉은 기업이 소비자에게 일방적으로 메시지를 전달하는 방식으로 진행됐으나 SNS가 발달하고 소비자들이 기업과 브랜드와 직접적인 의사소통이 가능해지면서 일방적인 판촉은 효과를 발휘하기 어려워졌다. 소비자들은 더는 제품 정보를 수동적으로 받아들이지 않고 기업과 '소통'하고 싶어하며 자신들의 목소리가 기업에 전달되기를 바란다.

공개 설정을 기본으로 하는 인스타그램 세포마켓은 누구나 댓글을 달 수 있고, 서로를 태그할 수 있는 등 그 어떤 판매 채널보다 소통이 활발하다. 고객 참여가 많은 게시물일수록 인스타그램 알고리즘에 따라 팔로워들의 뉴스피드 상단에 보이게 되는 것은 물론 인기 게시물로 선정될 확률도 높아 고객 참여를 장려하는 소통 마케팅이 자주 일어난다.

SNS라고 해서 소통 방법이 온라인으로만 한정된 것이 아니다. 오프라인에서도 충분히 고객과 소통할 수 있는 창구들이 많이 있다. 각종 박람회, 페어, 플리마켓은 카페, 육아, 리빙, 건축 등 다양한 분야의 브랜드나 기업들이 적은 비용으로 소비자를 만날 수 있도록 가교 역할을 해주고, 백화점이나 대형 유통업체에서도 '팝업 스토어'라는 형식으로 백화점에 공식적으로 입점하지 못하는 작은 규모의 브랜드들이나 영향력 있는 인플루언서들과 함께하는 판매 행사를 진행하고 있다. 매장이나 점포를 직접 임대하거나 매매하지 않아도 고객들과 직접 대화를 나눌 기회가 점점 많아지고 있는 것이다.

신발과 의류를 판매하는 **르꼬르망**(@le_cormang, 14.4만)은 '이름 짓기' 이벤트를 자주 한다. 새로운 제품이 나올 때마다 이름 짓기 이벤트를 통해 고객 참여를 유도하는데, 이때는 평소보다 댓글이 많이 달리고 대화가 활발해져 해당 게시물이 팔로워들의 뉴스피드 상단에 보이게 된다. 소비자는 본인이 좋아하는 제품의 이름을 짓고, 인플루언서는 고객들이 애정을 갖고 지은 이름의 콘텐츠가 뉴스피드 상단에 노출되면 제품에 대한 흥미를 유발해 '누이 좋고 매부 좋은' 이벤트가 된다.

얼마 전 '가오네'라는 브랜드로 세포마켓을 시작한 **박가원 씨**(@kaone815, 22.9만)는 오랫동안 개인적인 용도로만 인스타그램을 이용했다. 유명 농구선수 남편을 둔 미스 코리아 출신이라 세포마켓을 하기 전에도 이미 팔로워가 많았다. 그런 그녀가 세포마켓을 운영하겠다고 결정했을 때, 제일 처음 한 일이 세포마켓과 유튜브 채널의 브랜드명 공모였다. 200개가 넘는 댓글이 달렸고, 스토리에 게시한 투표를 통해 최종적으로 브랜드명을 확정했다. 세포마켓 브랜드인 '가오네'와 유튜브 채널 및 블로그의 이름인 '모두가원해'는 팔로워들과의 소통과 대화를 통해 지어진 이름이다. 세포마켓을 시작한 이후에는 '모두가원해 패밀리'라는 고객관리 계정을 인스타그램에 만들어 제품 관련 질문에 실시간으로 답변해주고 있다. 보통 인플루언서의 계정에 제품과 관련된 댓글을 올리면 제대로 된 응대가 안 되기 때문에 제품 판매 홈페이지나 블로그로 질문을 유도하는데 그와는 사뭇 다른 방식으로 운영하고 있다. 세포마켓 태생부터 운영까지 팔로워들과의 '소통'을 중시하는 그녀의 가치관이 잘 드러난다.

공동창조

오랫동안 제품 생산은 기업의 고유한 영역이었다. 과거에는 주로 제조업체의 주도로 제품이 시장에 출시되고 소비자들은 출시된 제품 내에서 본인조차 알지 못했던 니즈를 깨닫고 제품을 구매했다. 하지만 소비문화가 고도화되고 제품이 넘쳐나면서 소비자들은 점차 자신들이 원하는 것이 무엇인지 정확하게 인지하게 되었다. 더는 기업에서 일방적으로 만들어 손에 쥐여주는 제품이 아닌 원하는 제품을 함께 만들어가길 바란다.

이러한 변화에 맞춰 브랜드나 대기업에서도 고객들과의 공동창조를 시도하긴 하지만, 현실적인 제약이 많은 것이 사실이다. 제품을 만드는데 많은 단계를 거쳐야 할 경우 고객의 의견이 효율적으로 반영되기 어렵다. 대기업의 경우 쌍방 소통이 자유로운 채널이 제한적이라 고객들의 솔직한 의견을 듣는 게 쉽지 않다. 반면에 세포마켓은 고객의 니즈를 반영하기에 좋은 구조로 되어 있다. 자체 제작 제품을 판매하는 세포마켓을 방문하면 제품 제작에 앞서 샘플을 보여주고 잠재적 고객들의 의견을 묻는 게시물을 흔하게 볼 수 있다. 인플루언서가 브랜드이자 제작자이고 판매자이기 때문에 실사용자들과 실시간으로 소통하면서 제품 제작에 많은 사람들의 의견을 반영할 수 있다. 이러한 소통을 통해 소비자들의 취향을 파악할 수 있을 뿐 아니라 제품에 대한 아이디어도 얻을 수 있다.

엄마들을 위한 편안한 옷을 판매하고 있는 **랄라라운지**(@lala_lounge_, 2.4만)는 최근 샌들을 출시하기 전 신발의 앞코 모양이 '라운드 셰이프' 혹은 '뾰족 셰이프' 중 어떤 디자인이 더 좋은지 고객들에게 설문조사했다. 이 게시물에 수백 개의 댓글이 달렸고, 고객들이 원하는 방향으로 제품 디자인이 결정되었다. 여성 의류를 주로 판매하는 아브컬렉션을 운영하는 **아브언니**(@aav_chloelee, 6.6만)도 고객에게 의견을 자주 묻는다. 옷을 만들 때 길이나 사이즈뿐 아니라 추가했으면 하는 색상이나 디자인까지 최대한 다양한 의견을 반영하기 위해 실시간으로 의견을 교환한다.

'뷰티 인플루언서들에게 받은 니치niche한 영감을 제품으로'라는 미션을 가지고 운영되고 있는 '슈레피Surepi'는 독특한 제품 개발 모델을 가진 화장품 브랜드다. 미션처럼 뷰티 인플루언서들이 팔로워나 구독자들과 소통하면서 받은 영감을 기반으로 최고의 뷰티 제품을 만드는 것을 목표로 한다. 뷰티 인플루언서들이 팔로워들과 소통하면서 빠르게 특정 분야의 전문가가 되어 가는 것에 주목했고, 고객, 인플루언서, 그리고 기업이 '공동창조'를 할 수 있는 기회를 포착한 것이다. **고밤비**(@go_bambi, 16.6만)와 함께 만든 수도꼭지 필터, **다혜**(@davly0y, 3.2만)와 함께한 블러셔, **홀리**(@h.olys, 18.6만)와 만든 아이섀도와 하이라이터 등 다양한 뷰티 제품을 출시했다.

공동체 활성화

같은 브랜드를 좋아하는 소비자들끼리 공동체 의식을 느끼고 함께하는 것은 SNS가 발달하기 이전부터 꾸준히 존재해왔다. 애플을 좋아하는 사람들끼리 '애플빠(애플이 만드는 제품에 열광하는 애플 마니아)'를 자처하며 소통하기도 하고, 남자들의 로망으로 알려진 '할리 데이비드슨' 오토바이를 소유하고 있는 사람들끼리 모여 라이딩을 하기도 한다. 이는 마니아적인 소비문화라 할 수 있다. 인터넷이 발달하기 이전에는 브랜드나 제품과 연관된 공동체 정보에 접근하기 어려웠기 때문에 브랜드 충성도가 높은 소수의 사람들만 아우르는 문화로 '마니아'라는 표현을 사용했다. 이후 SNS가 발달하면서 공동체들은 마니아층을 넘어 일반 대중에게까지 확장되었다. 즉, 모든 사람이 연결된 현대 사회에서는 브랜드나 제품을 중심으로 공동체를 형성하고 참여하는 일을 누구나 쉽게 할 수 있다.

최근 새로운 마케팅 트렌드로 공동체 활성화가 주목받으면서 많은 기업에서 서포터즈나 체험단 등 공동체를 만들려고 시도했지만 대개는 실패로 끝나고 말았다. 공동체는 인위적으로 만들어지는 것이 아니라 자발적으로 생겨나야 한다. 다시 말해 소비자들이 제품과 브랜드에 대한 애정과 신뢰를 가지고 만들어야 의미 있고 지속가능한 공동체가 될 수 있다. SNS가 발달하면서 소비자들이 자발적으로 만든 공동체가 많아졌는데 특히나 인플루언서를 중심으로 만들어진 세포마켓의 경우 비슷한 취향을 가진 팔로워들 간에 심리적 만족을 줄 뿐만 아니라 인플루언서에게도 '잘하고 있다'라는 위로와 지지가 된다.

여성 의류와 신발 브랜드 '더춈미'를 운영하는 **춈미**(@_chommy, 44만)는 제품을 판매하는 인플루언서이지만, 개인 계정에서는 브랜드나 판매에 관한 이야기는 잘하지 않는다. 본인이 먹고 입고 쓰는 제품에 대한 정보를 공유하며, 팔로워들을 위로하고 응원하는 게시물을 자주 올린다. 현재는 남편과 아이를 키우는 일상을 자주 공유하는데 보통 2~3만 개의 '좋아요'와 몇백 개의 댓글이 달린다. 댓글을 살펴보면 팔로워들끼리 대화를 주고받는 모습도 심심치 않게 볼 수 있다. 그녀가 종종 여는 커피 제공 이벤트는 동네의 작은 카페에 미리 커피값을 결제해두면 팔로워들이 커피를 마시러 방문하는 형식이다. '#커피잘사주는춈미'라는 태그를 검색하면 다양한 인증 사진을 확인할 수 있다. 장소를 지역별로 지정해 특정 지역에 있는 사람들만 마실 수 있어 많은 팔로워들이 주변에 거주하는 친구를 태그하여 소환함으로써 공동체가 확장되고 있다.

'Le Code Vestimentaire Y'라는 의류 브랜드를 운영하는 **코스모폴리**

탄줄라이(@cosmopolitanjuly, 4.6만)는 다양한 색상과 독특한 디자인의 옷을 제작 판매한다. 그녀는 의류를 판매할 때 '쉐어'라는 용어를 사용하고 팔로워들을 '동무'라고 칭한다. 본인이 입고 싶은 옷을 동무들과 함께 입는다는 의미다. 이러한 별칭이 고객들에게 '같은 동무'라는 공감대를 형성해준다. 더구나 독특한 분위기와 디자인을 가진 옷이어서 '그녀의 옷을 입는다는 것'만으로도 같은 취향을 가진 공동체가 만들어진다.

· 부딪치며 배운 여우마켓 실전 꿀팁 ·

함께 만들어가요, 여우마켓

#참여 유도는 쉽고 재미있게

밀레니얼 세대는 자신의 의견을 적극적으로 어필한다. 아이디어와 의견을 공유할 수 있는 자리를 마련해주면 좋은 기회라고 생각하는 사람들이 많다. 그래서인지 여우마켓 이벤트 중 가장 인기가 많은 것이 '이름 짓기 이벤트'다. 대개 의류를 팔 때 별명을 지어달라고 요청하는데 많은 엄마들이 즐거워하며 참여한다. '보들텍', '모찌텍', '봄학기세트', '엘라스티' 등 여우마켓에서 판매하는 옷들은 고객들의 의견이 담긴 독특하고 창의적인 이름을 가지고 있다. 이름 짓기 이벤트처럼 쉽고 재미있는 참여형 이벤트는 대화를 유도함과 동시에 제품의 장점과 특성을 어필할 수 있어 인플루언서와 고객 모두에게 유익하고 즐거운 경험이 된다. 파급력이 큰 인플루언서의 경우 잘 지은 이름 하나가 트렌드 단어가 되기도 한다.

참여 유도하기 쉬운 이름 짓기 이벤트

#우리만의 고민 상담소

인스타그램에서 같은 사람을 팔로우한다는 것은 비슷한 관심사와 취향을 가지고 있다는 의미다. 그렇다 보니 고민이나 걱정거리까지 유사한 경우가 많아 인스타그램 세포마켓은 공개적인 고민 상담소 역할도 하고 있다. 참여를 끌어내는 가장 효과적인 방법도 고민이나 질문을 하는 것이다. 여우마켓은 엄마들이 주로 팔로우하는 세포마켓이라 육아 고민에 대해 질문을 하면 엄마들의 답변을 실시간으로 들을 수 있다. 이를 통해 고민이 무엇인지, 어떤 생각을 하는지를 알 수 있어 제품을 선택하는 데 좋은 자료가 된다. 최근에는 자기 전이나 일어나서 우유를 끊지 못하는 아이에 대한 고민을 털어놓았는데, 많은 엄마들이 공감하며 다양한 방법들을 알려주었다. 고민 상담의 경우 인플루언서와 팔로워 사이뿐만 아니라 팔로워들끼리도 서로 의견을 교환하고 소통하기도 한다.

#오프라인 모임하기

세포마켓은 온라인에서 운영하므로 주로 SNS를 통해 고객과 만나지만 오프라인에서의 만남도 중요하다. 이미 많은 세포마켓들이 팝업스토어나 오프라인 매장을 통해 고객들과 만나고 있다. 여우마켓은 2019년 초부터 오프라인 모임을 진행하고 있다. '엄마 마음을 부탁해'라는 이름으로 진행한 첫 모임은 에니어그램 성격 검사와 함께 육아나 가족에 대한 고민을 나누는 자리로 기획했다. 다소 딱딱할 거라 생각했던 모임은 걱정이 무색할 만큼 공감과 웃음이 가득했다. 모임 이후 엄마들과 단체 메신저를 만들어 주기적으로 연락을 하면서 서로의 고민도 털어놓게 되었다. 정기적으로 만나고 싶다는 의견을 반영해 매달 모임을 주최하고 있다. 이렇게 시작한 '여우마켓 자부(자유부인의 줄임말로 엄마들이 아이와 남편을 두고 나와 자유 시간을 보내는 것을 말한다) 모임'은 벌써 6회를 맞이했다. 메신저와 인스타그램에 모두 공지하며, 매번 새로운 사람이 참여해도 공감하는 주제가 비슷하기 때문에 이질감 없이 즐겁게 보내고 있다. 요즘 이슈가 되는 '새로운 관계를 위한 살롱 문화'의 여우마켓식 접근이다. 모임이 더 활성화되면 주제별로 모임을 주최하거나 함께 모여 교구나 책을 제작할 계획도 가지고 있다.

여우마켓 자부모임 일정 공지

고객관리

고객, 팔로워, 그리고 팬

유튜브에 구독자subscriber가 있다면 인스타그램에는 팔로워follower가 있다. 두 경우 모두 인플루언서의 계정을 정기적으로 방문한다는 점에서 비슷하지만, 구독자는 특정 주제에 대한 영상 콘텐츠를 정기적으로 소비하는 사람을 말하며, 팔로워는 '따르는 사람', 즉 인플루언서를 좋아하고 지지하며 따르는 사람이다. 운동선수나 연예인 등을 열광적으로 좋아하는 사람을 일컫는 팬과 비슷한 개념이라 할 수 있다. 따라서 세포마켓의 고객들은 고객인 동시에 팔로워이자 팬이다. 그렇기 때문에 단순히 제품을 구매하는 고객들을 관리한다는 차원을 넘어 믿고 따르는 팬들과 연대감을 형성하는 것이 중요하다.

나만의 수영장 만들기

마케팅 전문가인 세스 고딘은 성공적인 마케팅 5단계에 대해서 이렇게

● 세스 고딘이 말하는 성공적인 마케팅 5단계

1	Product	이야깃거리가 될만한 제품을 발명하기
2	Focus	소수의 사람들이 좋아하고 응원할만한 제품을 디자인하기
3	Story	그 사람들의 꿈과 생각을 대변할만한 스토리를 만들기
4	Spread	많은 사람들에게 이야기를 퍼뜨리기
5	Show up	그 이후에는 정기적으로 제품과 콘텐츠를 선보이기

자료: 《마케팅이다》, 쌤앤파커스, 2019 재구성

이야기한다.[2] 1) 이야깃거리가 될만한 제품을 발명하고, 2) 소수의 사람들이 좋아하고 응원할만한 제품을 디자인하며, 3) 그 사람들의 꿈과 생각을 대변할만한 스토리를 만들고, 4) 많은 사람들에게 이야기를 퍼뜨려, 5) 그 이후에는 정기적으로 제품과 콘텐츠를 선보여야 한다. 여기에서 핵심은 제품을 좋아할만한 소수의 사람들, 즉 '최소 유효 시장'을 찾아내는 것이다. 지금처럼 고객의 욕구가 세분화되고 다양해진 시대에는 이전 시대의 마케터들처럼 무작정 큰 바다를 찾으려고 하면 실패하기 십상이다.

최근 인기 있는 제품이나 브랜드는 대부분 작은 집단의 열렬한 지지를 받고 성장했다. 브랜드와 제품에 열광하는 사람을 30명만이라도 찾을 수 있다면 반은 성공이다. 그러기 위해서는 본인만의 독보적인 입지를 찾아야 한다. 대중이 아닌 '특별'한 집단을 대표함으로써 '특별'한 취향과 선호를 지지하고 응원해주는 가장 작은 단위의 시장, 즉 나만의 수영장을 찾아야 한다. 그 수영장을 '보랏빛'[3]으로 물들이는 것이 세포마켓이 삼아야 하는 목표다. 처음부터 일확천금을 벌고 시장을 지배하려고 생각해서는 안 된다. 피드에 방문하는 사람을 팔로워로 만들고, 팔로워를 고객으로 만들고, 고객을 팬으로 만드는 일련의 과정을 차근히 해 나가야 한다. 세포마켓을 시작하면서 팔로워를 몇십만 명씩 가진 메가 인플루언서를 부러워하지 말길 바란다. 하루아침에 그렇게 될 거라고 기대하는 건 더욱 안 된다. 그러다 보면 본질을 잃고 우왕좌왕하게 된다. 작은 시장에 집중하면서 천천히 나만의 수영장을 만들어 가다 보면 어느새 바다만큼의 크기가 되어 있을 것이라는 믿음을 가져야 한다.

자신만의 수영장을 찾는 가장 효과적인 방법은 내러티브(이야기)를 공유함으로써 연대감을 키우는 것이다. 세포마켓 운영자도 팔로워들과 단순히 제품을 공유하거나 소통을 강요하기보다는 내러티브를 만들고 공유해 자발적인 참여를 유도해야 한다. 진정한 '팔로우'는 결코 강요할 수 없다.

쥬얼리 브랜드 **키미스튜디오**(오피셜계정: @ki_mmi_studio, 6,055/개인계정: @mihee2351, 2.4만)에서는 '설렘진주'라는 이름으로 매달 한 개의 진주 쥬얼리를 판매한다. 직장인이었던 그녀는 좋아하는 쥬얼리에 본인만의 취향을 담아 팔로워들과 공유하며 그녀만의 수영장을 만들었다. 현재는 직장을 다니지 않고 키미스튜디오를 주업으로 운영하고 있다. 설렘진주는 목걸이, 귀걸이, 팔찌 등 종류는 다양하지만 대부분 금색과 진주, 그리고 크리스털이 조화를 이룬 제품이다. 비슷한 테마를 가진 새로운 제품들을 매달 출시하는데 분명한 취향에 어필하고 있어 꾸준히 제품을 구매하는 사람들이 많은 편이다. 규모가 커진 이후에도 다양한 스타일로 확장하기보다는 특정한 취향을 가진 소수의 팬들을 기반으로 고객층을 점차 늘려 가고 있다.

팬과 고객은 다르다

세포마켓의 기반은 인플루언서와 팔로워의 '관계'다. 제품이 좋아서 일회성으로 구매하는 경우도 있지만, 인플루언서에 대한 애정과 신뢰가 수반되어야만 장기적인 관계가 형성된다. 세포마켓에서 구매한 제품에 문제가 생기면 고객들은 제품보다 인플루언서에게 더 실망한다. 더욱이 그동안 친구처럼 이야기했던 인플루언서가 불만을 잘 받아주지 않으면 감정이 더 상하게 된다. 인플루언서가 고객에게 느끼는 심리적 거리보다 고객이 인플루언서에게 느끼는 심리적 거리가 훨씬 가깝기 때문이다. 여기서 인플루언서로서 명심할 점은 판매자로서의 입장을 잊어버리면 안 된다는 것이다. 섣부른 행동이 오히려 위기를 초래할 수 있고 자칫 잘못하면 쌓아왔던 팔로워와 인플루언서의 끈끈한 관계마저도 순식간에 깨질 수 있다. 인플루언서와 판매자는 같은 사람이지만 다른 요구와 역할이 부여되므로 그 선을 잘 지키도록 주의해야 한다. 제품을 판매하지 않을 때 형성되는 팔로워-인플루언서의 관계와 제품을 판매하면서 맺는 고객-판매자의 관계 모두 신중해야 한다.

세포마켓의 규모가 크거나 팔로워를 넘어 '팬'이 된 사람들이 많을 때에는 고객관리를 전담하는 팀을 따로 두는 것이 좋다. 인플루언서가 아닌 다른 사람이 판매자 역할을 하도록 하는 것이다. 1인 마켓이라면 고객관리를 담당하는 다른 계정을 만들거나, 팔로워들과 소통하는 공간과 제품 판매 및 고객관리를 하는 공간을 분리하는 것을 추천한다. 인플루언서 인스타그램 계정은 마케팅, 홍보 그리고 소통을 위한 장으로 두고, 제품과 관련된 사안들은 공식 홈페이지나 블로그 등의 다른 채널로 유도하는 방식도 있다. '언팔unfollow(팔로워가 팔로우를 취소하는 것)'도 확인할 필요가 있는데, 팔로워가 팔로우를 취소했다는 것은 잠재 고객을 잃은 것일뿐 아니라 피드의 콘텐츠가 매력적이지 않거나 인플루언서에 대한 신뢰가 사라졌다는 것을 의미한다. 표적시장마다 팔로우를 취소하는 이유는 다양할 수 있지만, 팔로워가 눈에 띄게 줄었다면 왜 그랬는지를 살펴보는 것이 좋다.

'트윙클써니'라는 이름으로 세포마켓을 운영 중인 써니(@twinkle_sunny7, 32.2만)는 팬이 많다. 인스타그램 프로필에 있는 "바라기만 한다고 이루어지지 않는다. 노력과 땀으로 이루어질 수 있다"라는 문구처럼 그녀는 11년간 꾸준한 식단과 운동으로 지금의 몸을 만들었고, 그런 경험을 팔로워들과 함께하려고 노력한다. 대부분의 게시물에는 다이어트나 운동을 하는 팔로워들을 향한 응원의 메시지가 담겨 있다. 그녀의 팔로워들은 여기에 감동해 팬이 된 사람들이다. 트윙클써니에서는 주로 다이어트에 도움이 되는 음식, 보조제, 의류, 화장품 등을 공구하거나 '선이 고와지는 선희'라는 자체 제작 제품들을 판매한다. 운동이나 다이어트에 관한 팁 등 팬들이 궁금해할만한 것들은 인스타그램 계정을 통해 공유하고, 제품과 관련된 고객관리는 오피셜 계정과 홈페이지에서 담당한다.

장사꾼 마인드 장착은 필수

제품을 판매하지 않는 인플루언서는 팔로워들과 인간적인 소통만 해도 된다. 가끔 잘못된 정보를 전달하거나 개인의 의견을 강하게 피력해도 괜찮다. 개인 공간에서는 개인적인 실수나 견해가 용납된다. 하지만 인플루언서가 세포마켓 판매자가 되는 순간 또 다른 역할이 추가된다는 것을 명심해야 한다. 피드 또한 개인의 공간이 아니라는 것을 잊지 말아야 할 것이다.

인스타그램 세포마켓은 주로 개인 계정을 운영하다가 세포마켓을 시작하는 경우가 많아 달라진 역할에 당황하는 사람들이 많다. 그동안 함께 공감하고 댓글을 달아주던 팔로워들이 정작 구매는 하지 않는다는 것을 알게 되고, 무조건 편을 들어주던 사람들도 고객이 되는 순간 더 까다로워진다는 것을 깨닫게 된다. 그저 좋은 물건을 함께하고 싶어서 판매하는 것인데 오해를 받거나 공격을 당하는 등 감당해야 할 일이 너무 많다. 특히 공구를 하는 경우 스스로 만든 제품도 아니고 '떼어다' 판매하는 중개상일 뿐인데 제품이 불량이거나 기대에 미치지 못한다는 원망 섞인 소리를 들으면 억울하기도 하다.

하지만 제품을 판매해서 이득을 취하는 순간 '장사꾼'임을 알아야 한다. 많은 인플루언서들이 "이득도 별로 없어요", "얼마 안 남아요", "정말 제품이 좋아서 공유하는 거예요"라고 말한다. 하지만 좋은 물건을 좋은 가격에 공유하고 싶은 '좋은 마음'이 있다고 해서 달라지는 건 없다. 공짜로 제품을 나눠주는 것이 아니라면 세포마켓도 장사다. 이득이 많든 적든 그걸로 인해 발생하는 일들이 버겁고 부담스럽다면 세포마켓을 하지 말아야 한다. 장사를 하려고 결심했으면 장사꾼에 합당한 '프로페셔널리즘(직업정신)'을 가져야 한다. 남의 돈을 받아 이익을 챙기는 아마추어는 없다. 판매를 통해 단돈 백 원이라도 수익이 나는 일을 선택한 순간 프로의 자세를 갖춰야 한다.

아직도 많은 사람들이 세포마켓을 단순히 '놀면서 쉽게 돈 버는' 방법이라고 생각한다. 인스타그램에 올라오는 인플루언서들의 사진과 댓글들을 보면 회사에 다니거나 전통적인 방식으로 자영업을 하는 사람들보다 훨씬 쉽게, 그리고 많은 돈을 버는 듯한 인상을 받는다. 하지만 오프라인 매장에서 구경하는 모든 사람이 구매하는 것이 아니듯 온라인 시장도 마찬가지다. 팔로워가 많거나 댓글이 많다고 해서 꼭 판매가 많이 일어나는 것은 아니다. 창업하는데 큰돈이나 기술이 필요하지 않을 뿐 세포마켓도 여느 자영업과 같다. 본인의 이름과 얼굴을 걸고 사업을 운영한다는 것은 분명 노력이 필요하다. 그러므로 사진 한 장으로 사람들을 '홀려서' 돈을 벌 생각이라면 시작하지 마라. 멋진 사진들이 걸려 있는 인스타그램 피드는 세포마켓을 위한 소통과 홍보의 창구일 뿐이다. 세포마켓은 제품을 고르고, 만들고, 마케팅하고, 판매하고, 고객관리까지 하는 모든 과정을 책임감 있고 성실하게 수행해야만 장기적으로 생존할 수 있다.

샌님이 장사꾼이 되기까지

#장사꾼의 본분을 잊지 말자

인스타그램 세포마켓은 대부분 개인 계정을 운영하다가 세포마켓을 하는 경우가 많아 '장사꾼'으로 전환하기가 쉽지 않다. '내가 써보니 너무 좋아서' 판매를 하게 되었다는 이유도 포장된 말처럼 느껴진다. 팔로워이자 고객들도 돈을 주고 구매한 제품에 문제가 있거나, 고객 응대가 미진하다고 느끼면 실망하고 분개한다.

의류를 판매하던 초기에 한 고객이 옷에서 물 빠짐이 있다고 항의했다. 색이 진한 실내복이었고, 단독 세탁에 대해 공지도 했었다. 판매자의 입장에서 보면 환불이나 피해보상을 해줄 일이 아니었지만, 인스타그램 DM으로 대화를 하다 보니 개인적으로 미안한 마음에 환불과 피해보상을 약속했다. 문제는 여기서 시작되었다. 보상에 대한 서로 다른 관점 때문에 나도 고객도 기분이 상한 상태로 대화가 종료된 것이다. 이후 나는 판매자로서 하지 말았어야 할 행동까지 해버렸다. 개인적으로 미안한 마음에 베푼 호의가 오히려 역효과가 나자 고객과의 사적인 대화 내용을 피드에 올리고 속상한 마음을 알아달라고 팔로워들에게 '호소'하는 글을 쓴 것이다. 나를 지지하는 사람들 앞에서 고객에 대한 부정적인 이야기를 함으로써 공개적으로 창피를 준 꼴이었다.

그 후 해당 고객뿐만 아니라 그 글을 본 많은 사람들이 나에게 실망했다. 고객의 항의를 개인적인 일로 받아들여 판매자로서의 프로페셔널리즘을 잃어버린 행동의 결과였다. 친한 사이일수록 선을 지켜야 하듯 일상을 공유하는 친근한 팔로워지만 제품 판매에 대해서는 장사꾼으로서의 직업 정신을 가져야 한다. 최근에는 혼선을 피하기 위해 제품에 대한 문의나 불만은 블로그에서 이슈에 맞게 게시판을 만들어 처리한다. 이슈가 생기면 최대한 당일에 해결하려고 노력하고 블로그에 마련한 게시판을 통해 문의가 들어오면 업체와 상의한 후에 명료하게 해결책에 대한 답변을 준다. 여느 쇼핑몰 고객센터와 다를 바가 없이 제품 불량, 환불, 교환 등의 일들이 생기면 업체에 일을 위임한다. 내가 갑자기 '판매자'처럼 행동하는 것을 불편하게 생각하고 마음이 상하는 고객들도 종종 봤기 때문이다.

화장 잘하는 #상은언니

@makeup_maker_, 24.3만 팔로워

꼼나나에서 메이크업 아티스트로 일하고 있는 박상은 부원장은 인스타그램에서는 '상은언니'로 통한다. 그녀는 현재 청담동 토탈뷰티숍의 부원장이며, 화장품 브랜드인 '피치베리'의 얼굴이고, 인스타그램 뷰티 인플루언서로 뷰티 관련 방송을 하는 방송인이다. 그녀의 직업과 인스타그램 피드만 보면 화려한 삶을 살아온 듯 보이지만, 실상은 그렇지 않다. 살아남기 어려운 청담동 뷰티숍에서 부원장이 되고, 트렌디한 화장법을 연구하고, 이름을 건 메이크업 브랜드를 만들기 위해 매일매일 고군분투 중이다. 그녀의 성과는 절대 하루아침에 이루어지지 않았다.

그녀의 인스타그램도 처음부터 인기가 많진 않았다. 그저 다른 메이크업 아티스트들과는 다른 본인만의 스타일로 메이크업 사진과 영상을 정기적으로 올렸다. 초기에는 소수의 팔로워들만 있었지만, 전문성을 가지고 본인만의 스타일을 구축한 결과 그녀를 열렬히 좋아하는 팬층까지 생겼다. 꾸준히 올리던 메이크업 튜토리얼 콘텐츠가 열렬한 지지를 받으면서 눈덩이처럼 인기가 많아졌다. 작은 수영장이 순식간에 바다가 된 것이다. 이후 팔로워들의 전폭적인 지지를 기반으로 인스타그램에서 꽤 유명한 메이크업 아티스트가 되었고 자체 브랜드도 만들었다. 현재 20만 명이 넘는 팔로워들이 있지만, 그녀의 메이크업 스타일을 좋아하고 배우고 싶은 팔로워들에게는 여전히 '상은 언니'다. 팔로워들은 그녀의 메이크업 영상을 보고 어떤 제품을 사용하는지 정보를 얻고, 메이크업하는 방법을 배우려는 사람들이 대부분이다. 게시물의 인사이트를 살펴보면 '좋아요'나 댓글보다 '저장(팔로워하는 사람의 피드를 내 계정에서 따로 볼 수 있는 즐겨찾기 같은 것)'이 많다. 두터운 팬층을 확보하고 있다는 것을 보여준다.

인스타그램에 올리는 메이크업 튜토리얼은 팔로워들과 소통하기 위한 것이고, 제품을 판매하거나 숍에서 메이크업할 때는 아티스트로서의 프로페셔널리즘을 잃지 않으려 한다. 인스타그램 피드에서는 화장 잘하는 예쁜 언니지만, 팔로워들이 고객이 되었을 때는 메이크업 아티스트이자 판매자로서 가져야 할 마음가짐에 대해 늘 고민한다. 돈을 받고 서비스를 제공해주는 순간 그저 동경하는 '언니'가 될 수 없다는 것을 그녀는 잘 알고 있다. 간혹 피드에서 소통하던 팔로워들이 숍에 와서 피드와 다르게 느껴진다고 말하기도 하지만, 전문가로서의 모습은 달라야 한다고 생각한다. '피치베리' 역시 제품을 만들 때는 최대한 관여하지만 배송, 고객관리 등은 업체에 위임한다. 고객들이 돈을 내고 제품을 구매하는 이상 대우를 받아야 한다고 생각해 자신의 전문 분야가 아닌 상거래와 관련된 일들은 전문적으로 처리해주는 팀을 두고 있다.

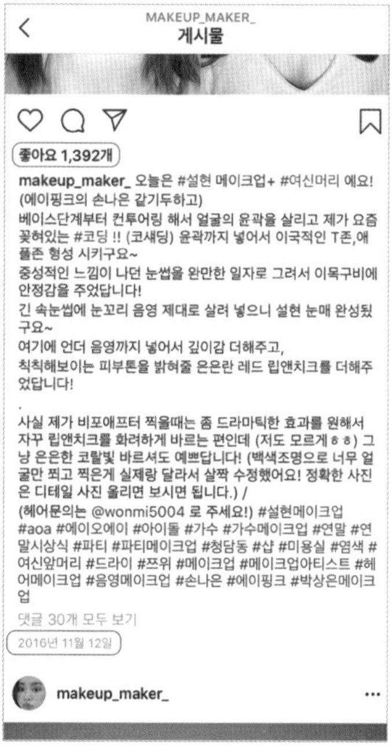

출처: makeup_maker_

상은언니는 수영장과 꾸준히 소통한 결과 서서히 바다로 나아가고 있다. 2016년 7월만 해도 게시물의 '좋아요' 수가 68개였지만, 2016년 11월에는 1,392개로 늘어났다. 자신만의 취향을 공유하며 꾸준히 소통한 결과다.

위기관리

위기 후에 신뢰 회복하기

지금까지 많은 기업들이 실수를 했다. 이를 슬기롭게 대처해 생존한 기업이 있는가 하면 단 한 번의 실수로 사라진 기업도 있다. 모든 소비자가 촘촘하게 연결된 디지털 시대에는 이전 시대보다 실수가 기업의 생존에 훨씬 큰 파급력을 갖는다. 반면에 위기를 어떻게 대처하는지에 따라 오히려 전화위복의 기회를 얻기도 한다. 실수는 누구나 한다. 실수로 인한 결과의 차이는 실수를 대하는 자세에 따라 다르다. 아주 작은 실수이거나 혹은 같은 실수일지라도 어떻게 대처하는지에 따라 다른 결과를 얻는다.

위기의 눈덩이 효과는 더 크다

모든 소비자가 카메라로 무장하고 스마트폰으로 연결된 세상에서 기업의 잘못과 횡포는 좋은 일보다 더 빠르게 확산된다. 원래 좋은 일보다 나쁜 일이 더 빠르게 퍼져 나가는 법이다. 이전 시대처럼 확산을 막으려고 사건을 못 본 척하거나 고객을 설득해 사건을 무마하려고 하다가는 오히려 역효과가 난다. 위기관리는 말 그대로 위기 상황을 예방하는 것뿐 아니라 그에 적절하게 대처해 나가는 일을 포함한다. 위기에 대처하는 자세가 기업을 정의할 수 있는 시대다. 무엇보다 위기관리에 실패함으로써 드는 비용은 마케팅을 잘했을 때 얻는 편익보다 훨씬 크므로 위기관리를 잘하는 것은 돈을 아끼는 것이자 돈을 버는 것이다.

세포마켓은 가장 확산적인 매체인 인스타그램의 핵에 위치한다. 일반적으로 인스타그램은 팔로워들도 얼굴을 내놓고 활동하는 공개적인 SNS이기 때문에 네이버의 익명 댓글보다 악성 댓글이 훨씬 적다. 특히 인기가 많은 인플루언서의 계정은 해당 인플루언서를 옹호하는 팬들이 많아 쉽사리 나쁜 말이 나오지 않는다. 하지만 인플루언서의 잘못으로 한두 명의 팔로워가 돌아서게 되면 그 이후에는 더 걷잡을 수 없다. 공개적인 장소에서 많은 사람들이 함께 돌아선 것을 보면 나 역시 그 흐름에 동참하기 쉬워지기 때문이다. 이전부터 불만이 있었지만 이야기하지 못했던 것들, 평소 마음에 안 들었지만 눈치 보여 하지 못했던 말들이 쏟아져 나온다. 공감과 긍정으로 가득 찼던 공간이 순식간에 악성 댓글로 가득하게 되는 것이다. 사람들의 불만과 분노도 인기와 마찬가지로 눈덩이처럼 불어난다. 더구나 부정적인 말은 긍정적인 말보다 훨씬 확산적이기 때문에 인기의 눈덩이보다 더 빠르게 커진다.

최근에는 '까계정(특정인을 비난하는 계정)'들이 늘어나고 있다. 인스

1 보관 기능: 게시물

게시물을 보관하면 게시물이 피드에서 보이지 않는다. 보관된 게시물은 '보관'의 '숨긴 게시물'에서 확인할 수 있다. 이 기능을 통해 피드를 비공개로 돌릴 수 있고 원하면 언제든 다시 공개로 변경할 수 있다.

② 보관 기능: 스토리

이전 스토리들을 자동적으로 '보관' 기능에서 볼 수 있게 저장된다. '과거의 오늘'은 몇 년 전 같은 날짜에 올린 스토리를 찾아주는 기능으로, 이를 공유해서 스토리에 다시 올릴 수 있다.

타그램은 이메일 주소만 있으면 새로운 계정을 만들 수 있고 서로서로 태그하고 연결하는 것이 가능한 구조라 이러한 까계정들이 순식간에 인기를 얻을 수 있다. 까계정들은 인기가 많은 인플루언서일수록 빠르게 팔로워를 늘려나간다. 아이러니하게도 애초에 호감이 없었던 사람들보다 인플루언서를 좋아하고 신뢰했던 사람들이 배신감에 더욱 분노하며 돌아선다. 사업을 하면서 위기가 없을 수는 없다. 다만, 위기가 왔을 때 눈덩이처럼 커지지 않게 제대로 대처해야 한다. 위기가 조용히 지나가길 바라거나 덮으려고 하지 마라. 공개적인 플랫폼에서 뭇매를 맞기 시작한 문제를 덮으려고 하면 덮기에 급급한 그 태도에 대한 질책만 더 받을 뿐이다. 잘못은 진심으로 사과하고, 실수를 바로잡아 책임져야 할 일은 책임지는 자세만이 위기를 극복할 수 있다.

무엇보다 인스타그램에 올라오는 모든 콘텐츠는 증거를 남긴다. 인스타그램의 보관기능을 이용해 다른 사람에게 숨기고자 하는 피드를 안 보이게 할 수 있고 댓글을 삭제할 수도 있지만 보관기능을 이용한다고 해도 한 번 올린 피드는 올린 찰나에 누군가가 볼 가능성이 크다. 인스타그램을 이용하는 수많은 사람들 중 누군가 한 명이라도 이를 캡처하면 증거가 남게 된다. 문제가 생겼을 때 이를 근거 삼아 문제를 제기하면 소위 말해 '빼박(빼도 박도 못하는)'이 돼버린다. 따라서 어떤 콘텐츠가 되었건, 특히 문제를 일으킬만한 소지가 있는 게시물을 올릴 때는 신중해야 한다.

신뢰가 모든 것에 우선한다

팔로워들은 피드를 통해서 인플루언서를 알아가고 신뢰한다. 거짓으로 피드를 쓴다든지, 믿지 못할 정보를 유포한다든지, 잘 알아보지 않은 것들을 과장해서 공유하면 신뢰를 잃게 된다. 대부분 위기 시에도 피드를 통해 사과를 전하기 때문에 겉으로는 사과하면서 실제로 잘못한 건 없는 것처럼 치부하려 한다든지, 책임질 수 없는 일을 책임진다고 거짓 약속을 한다든지, 고객들의 피드백을 무시한다든지와 같은 내용은 단번에 신뢰를 무너뜨린다. 세포마켓을 운영하는 인플루언서는 항시 거짓 없는 진정성 있는 태도로 팔로워들을 대해야 한다.

위기 상황이 닥치면 최대한 빠른 시간 내에 진정성 있는 사과문을 올리고 인플루언서이자 판매자로서 해결책을 내놓아야 한다. 단지 팬을 가진 인플루언서라면 진정성 있는 사과로 끝날 수도 있겠지만, 제품을 판매한 판매자이기도 하므로 제품과 관련된 일련의 책임들을 분명히 져야 한다. 위기를 조용히 넘기고 나면 다시 인기를 얻어 판매를 할 수 있다고 생각하는 것은 미봉책에 불과하다. 최근 벌어진 일련의 사태들을 봤을 때 이는 불가능에 가깝다. 물론 다른 이해관계자의 잘못으로 인해 발생하는 위기도 있지만, 팔로워들과 구매 고객들은 인플루언서에 대한 신뢰를 바탕으로 제품을 샀다는 점을 잊지 말아야 한다.

깔랑(@calin_khj, 17.9만)은 2019년 겨울, 자체 제작한 일부 부츠의 사이즈가 원래 공지했던 것보다 작게 생산되었다는 것을 알게 되었다. 이미 고객들이 몇 주를 기다려 제품을 수령한 이후였다. 프리오더로 주문받은 제품이라 교환해줄 수 있는 재고도 없었다. 제품을 위해 오래 기다린 고객들에게 제품을 다시 보내라고 하는 것도 미안한 일이었다. 이에 깔랑은 이미 보낸 신발은 돌려받지 않고, 새로 신발을 만들어서 전부 다시 보내주었다. 이로 인해 금전적 손해를 봤을지는 모르지만, 많은 고객들은 깔랑의 고객 지향적 마인드에 감동했고, 잃었던 신뢰는 배로 회복되었다.

거래처 관리의 중요성

모든 사업에는 거래처가 존재한다. 세포마켓도 마찬가지다. 공구를 한다면 브랜드나 제조업체와 거래를 해야 하고, 사입을 한다면 도매업자와 거래를 해야 하며, 자체 제작을 한다면 공장이나 물류 회사와 거래를 해야 한다. 특히 세포마켓은 소매업이기 때문에 거래처와의 긴밀한 협력 없이는 일을 할 수 없다. 인플루언서의 안일함이나 부도덕함에서 위기가 파생되기도 하지만 다양한 거래처와 일을 하다 보면 그들과의 관계에서 발생하는 경우도 많다. 인플루언서가 미리 받아본 샘플과 다르게 제품이 만들어진다든지, 약속한 출고 날짜를 지키지 못한다든지, 공장에 문제가 생긴다든지, 공구를 하는 경우에는 제품 수급이나 배송 등 문제는 어디서든 일어날 수 있다. 오픈 마켓에서 공구가보다 훨씬 저렴한 가격으로 판매를 해버려 공구로 사는 고객들이 오히려 손해를 보는 일도 비일비재하다.

따라서 거래처를 고를 때 서로 신뢰할 수 있는 '파트너'를 신중하게 골라야 한다. 고객들에게 선보이기 전에 제품을 직접 받아보고 사용하고 거래처와 배송이나 가격 등 관련된 모든 부분을 상세하게 점검해야 한다. 의사소통이 빠르게 잘 이루어지지 않는 거래처와 일을 하면 당연히 고객과의 소통에도 문제가 생기므로 고객들이 제품을 받은 이후에 고객관리도 잘해주는 거래처와 일을 해야 한다. 제품을 만들고 배송한 것이 거래처라 할지라도 세포마켓을 통해 구매한 고객들은 인플루언서를 믿고 제품을 구매하는 것이기 때문에 신뢰할 수 없는 거래처와 일을 하면 고객들이 인플루언서에게 등을 돌리는 위기를 겪게 된다.

결국 모든 위기는 고객과 직접 대면하는 세포마켓의 문제다. 거래처 문제이기 때문에 상황을 모르고 있었다거나 알 수가 없었다는 식의 태도는 고객들에게 통하지 않는다. "내가 알아보고 너무 좋아서 함께하는 거예요"라고 말한 이상, 잘 알아보지 못한 것에 대한 책임 또한 온전히 져야 한다. 모든 문제를 혼자 안고 가야 하는 게 억울할 수도 있지만, 이를 어떻게 해결하는지에 따라 더 큰 신뢰를 얻을 수도 있으므로 위기 후 신뢰 회복에 최선을 다해야 한다. 거래처 문제로 위기가 생긴 경우 어떻게 대처할지 원칙을 세워두는 것이 좋다. 단순한 실수로 일어난 일인지, 의도적인 일인지, 어느 정도의 문제까지 용인되는지 등 기준이 있어야 거래처와의 관계를 재정립할 수 있다.

위기, 그리고 그 후

#제품은 책임, 책임, 또 책임

하나의 제품이 만들어지고 이를 판매, 배송하는 데에는 많은 사람들이 연관되어 있다. 문제는 이 많은 사람들을 내가 다 알지 못한다는 것이고 그만큼 많은 사정들이 존재한다는 것이다. 믿고 있는 거래처라고 하더라도 거래처의 사정이 있을 수 있고 그 거래처의 거래처에 문제가 생길 수도 있다. 하지만 세포마켓에서 자신의 얼굴을 걸고 판매를 하는 순간 모든 문제는 내 책임이 된다. 고객들은 세포마켓의 판매자를 신뢰하고 구매를 하는 것이기 때문이다.

한 번은 고객이 여우마켓에서 구매한 화장품에 대한 불만을 본인의 인스타그램 피드에 올렸다. 거기에는 나에 대한 질책도 있었다. 많은 사람들이 댓글을 달았고 댓글에는 제품을 제대로 확인하지 않은 판매자를 욕하는 사람들도 많았다. 특정 브랜드명이나 내 이름은 없었지만, 나를 공격하는 것 같아서 속상했다. 믿을만한 브랜드라고 생각했고, 브랜드 대표님과도 파트너로서 잘 지내고 있었던 터라 "내가 어떻게 할 수 있는 일이 아니었잖아"라는 억울함이 생겼다. 결국 나도 내 피드에 답변을 게시했다. 판매자로서 객관적인 정보를 전달해야 한다고 자신을 합리화했지만, 실상은 사건을 조사하고 싶은데, 고객이 협조하지 않아서 제대로 조사하지 못하고 있다며 나의 억울한 마음을 호소하고 책임을 회피하는 게시물이었다. 이후 '사과' 글에도 "내가 고른 브랜드가 잘못한 게 없다" 그러니까 "나도 잘못한 게 없다"는 내용을 올렸다. 고객들을 위해 내가 제품을 고른 이상 나는 늘 고객들의 편이어야 하고, 내가 고른 제품에 대한 책임을 졌어야 했는데 그러지 못한 것이다.

결국 공장에서 언제든 일어날 수 있는 공정상의 문제로 판명났지만, 책임을 회피했던 나는 소중한 고객들뿐 아니라 잠재 고객들을 잃고, 든든한 거래처까지 잃는 위기를 겪었다. 고객에게 DM을 통해 사과했지만, 고객은 나의 사과를 받아주지 않았다. 충분히 이해가 갔다. 그 이후 한동안 화장품을 판매하지 않았다. 판매자로서 책임을 다하지 못하고 있다는 자책감과 제품을 사용하는 엄마들의 마음도 알아주지 못하는 마음가짐으로는 판매를 하면 안 된다고 생각했다. 그 사건을 계기로 새로운 카테고리의 제품을 시작하면 더 열심히 공부하고 판매에 문제가 생기면 변명 없이 책임지기 위해 노력한다.

#말은 신중, 신중, 또 신중

인스타그램은 특성상 말을 많이 하게 된다. 하루에도 몇 번씩 사진이나 글을 정기적으로 올려야 하므로 가까운 친구나 남편보다 개인 이야기를 더 많이 할 때도 있다. 댓글에는 대부분 좋은 글만 올라와 모든 사람이 긍정적인 눈으로 나를 바라본다는 착각이 들기도 한다. 하지만 목소리를 내지 않는 많은 사람들 중에는 나를 판매자로만 보거나, 위기가 일어나기를 기다리는 사람들도 있다는 것을 잊지 말아야 한다.

흔하게 볼 수 있는 디자인을 비슷하게 차용하여 자체 제작 제품을 만든 적이 있다. 재고를 쌓아두고 판매할 여력이 되지 않았는데도 무턱대고 제품을 다량 제작했다. 그런데 같은 시기에 다른 업체에서 비슷한 제품이 훨씬 저렴한 가격에 나오게 되었다. 생산비와 KC 인증비를 모두 떠안았던 상황에서 속상한 마음에 앞뒤 상황을 잘 알아보지 않고 상대 업체에 대한 확인되지 않은 내용의 게시물을 올리게 되었다. 뒤늦게 상대 업체가 나보다 먼저 제품을 준비했다는 것을 알게 되었다. 게시물을 올린 지 1시간도 되지 않아 내가 올린 게시물에 많은 비방글이 달렸다. 특허 낸 디자인도 아닌데 다른 곳에서 비슷한 제품을 저렴하게 판다고 해서 공격하는 게 실망스럽다는 팔로워들도 있었고 상대

업체의 고객이 와서 욕을 하기도 했다. 해당 업체에서도 바로 반박 게시물을 올렸다.

이후 분란을 일으키고 전문가가 아닌데 선부른 자체 제작으로 고객들에게 불편을 준 것에 대해 사과했고, 손해를 보더라도 제품 가격을 원가로 인하했다. 나를 믿어주는 고객들을 위해 선불리 자체 제작을 하지 않겠다는 약속도 했다. 감정이 앞서 내뱉은 확인되지 않은 말의 무게를 깨닫게 된 사건이었다.

미래 전망

세포마켓의 기로

모든 초기 단계의 산업이 그렇듯 세포마켓도 최근 고비를 맞이했다. 연일 미디어에서는 부도덕한 세포마켓 판매자들을 집중적으로 다뤘고, 많은 인플루언서들이 소비자들에게 신뢰를 잃었다. 소위 '인스타 마켓'은 '호갱'들이 이용하는 곳이며 인플루언서의 배만 불려주는 꼴이라는 자조적인 목소리도 컸다. 택갈이(동대문에서 사입한 제품에 인플루언서의 브랜드를 붙인 후 자체 제작이라고 광고하여 판매하는 것), 무분별한 카피, 타인의 콘텐츠 도용, 증명되지 않은 효과에 대한 과대광고 등 고객들의 신뢰를 배신하고 무조건 돈만 벌고 보겠다는 세포마켓들이 차례로 도마 위에 올랐다. 여느 중소기업보다 더 많은 매출을 올리고 있지만, 거기에 상응하는 제품 및 고객 관리가 원활히 이루어지지 않고 있다는 것도 주요 쟁점이다. 현금 거래 등으로 세금을 탈세하고 있다는 의혹을 받기도 했다.

신뢰를 기반으로 한 세포마켓에서 세포마켓의 얼굴인 인플루언서의 이런 태도와 거짓말에 대한 질책은 치명적이다. 다행히도 최근 사건으로 인해 세포마켓들 사이에서도 자정 작용이 일어나 본인의 말에 더 강한 책임감을 보이는 판매자들이 늘고 있다. 문제가 된 세포마켓들도 문제 해결에 적극적인 태도를 보이며 재기를 위해 노력 중이다. 세포마켓은 현재 반짝 유행과 장기적 트렌드의 갈림길에 서 있다.

세포마켓, 과연 위기인가

최근 이슈가 된 세포마켓들이 공통으로 가지고 있는 가장 큰 문제는 프로페셔널리즘과 '장사꾼'으로서 소통의 부재다. 인스타그램을 기반으로 성장한 인플루언서들이 인기의 좋은 점만 누리고 판매자로서의 직업정신을 갖지 않았다는 것이 핵심이었다. 즉, 본인들이 원하는 소통만 선택적으로 하고 정작 제품에 관한 소통에는 빠르게 대처하지 못한 것이다. 이런 행동들이 궁극적으로는 신뢰를 무너뜨리면서 세포마켓 전체에 대한 소비자들의 반응을 싸늘하게 만들었다. 인플루언서를 질책하고 욕하는 '까계정'들이 우후죽순처럼 생겨났고 불매운동이 벌어졌다.

세포마켓이 생존하기 위해서는 인플루언서가 제품에 대한 강한 책임감을 느껴야 한다. 세포마켓의 소비자들은 인플루언서에게 소비의 많은 부분을 위임한다. 그래서 인플루언서가 다양한 제품을 찾아보고, 알아보고, 공부하고, 사용해보는 일련의 과정을 겪은 후에 정직하게 추천해준다고 믿고 있다. 그러한 신뢰를 바탕으로 구매가 일어나기 때문에 실제로 그렇지 않았다는 사실이 알려지면 고객들의 실망은 배가 된다. 일반적인 유통 채널보다 판매자인 인플루언서에 대한 기대가 크기 때문에 이 부분이 장점으로 작용하면 충성고객이 되지만 그만큼 기대에 못 미치면 금세 돌아서게 된다. 제대로 알지 못하는 제품을 안다고 하거나 쓰지 않는 제품을 쓰고 있다고 거짓 마케팅을 하면 금방 들키기 십상이다. 세포마켓에서는 신뢰를 잃으면 회복하기 어렵다. 오르막길보다 내리막길이 훨씬 가파름을 명심해야 한다.

이런 문제점들은 비단 세포마켓뿐만 아니라 어떤 산업이든 초창기에 일어날 수 있는 문제들이다. 온라인 쇼핑몰이 태동하던 시기에도 쇼핑몰이 우후죽순으로 늘어났고 그중에서는 사진과 제품이 다른 곳들도 많았고, 배송이나 고객 관리 등이 제대로 이루어지지 않는 주먹구구식 업체들도 있었다. 충동구매를 부추기기 때문에 유해하다는 사람들도 많았다. 하지만 온라인 쇼핑 시장이 성장하면서 신뢰받지 못한 쇼핑몰들은 자연스럽게 도태되었고 고객 보호를 위해 법적 안전망들이 생겨났다. 소비자들도 온라인 쇼핑몰의 생태에 더 익숙해지면서 원하는 제품을 똑똑하게 구매하는 법을 배우게 되었다. 세포마켓과 관련된 최근 이슈들 역시 어쩌면 당연히 겪어야 할 진통이다. 반짝 유행에서 장기적 트렌드가 되기 위해서는 문제가 공론화되고 양지에서 해결책이 논의되어야 한다. 실제로 법적으로 미흡한 고객관리나 과대광고에 대한 대대적인 점검이 있을 거라고 한다. 위기는 곧 자정 작용을 위한 기회다. 인스타그램 세포마켓도 고객과 판매자 모두 성장하는 시간이 필요하고, 그 시간이 지나고 나면 더 긍정적인 방향으로 진화할 수 있을 것이다.

이커머스의 미래

온라인 쇼핑의 역사는 채 30년도 되지 않았다. 1991년에 시작한 이커머스e-commerce는 1995년 미국 최대 온라인 상거래 사이트인 아마존과 이베이의 서비스 개시를 시작으로, 1997년에는 제품 비교 사이트들이 생기기 시작했고, 1년 후인 1998년에는 결제업체인 페이팔이 생겼다. 최초의 온라인 쇼핑몰들은 일반 공산품들 위주로 판매해 컴퓨터나 인터넷에 익숙한 30대 부유한 백인 남자들이 주요 고객이었다. 그 후 30년 동안 이커머스는 놀라울 정도로 발전했다.

최근 빠르게 성장하고 변화하고 있는 이커머스는 지난 30년 동안의 발전보다 최근 3년간의 발전이 더 클 정도다. 2019년에 전 세계 상거래의 13.7%를 이커머스가 차지했는데 2021년까지 17.5%로 증가할 전망이다. 이커머스의 발전과 함께 배송·결제 서비스도 고도화되었을 뿐 아니라 유형의 제품을 넘어 무형의 서비스까지 온라인 거래가 가능한 시대가 되었다. 특히 스마트폰이 생기면서 '모바일 이커머스' 시장이 빠르게 확장되고 있다. 모바일 쇼핑이 가능한 다양한 앱이 생겼고, 스마트폰에서 제품을 찾고, 고르고, 구매하는 과정을 손쉽게 할 수 있도록 도와주는 많은 서비스들이 생겨났다. 특히 밀레니얼 세대들은 1주일에 평균 6시간 이상을 온라인 쇼핑에 할애하고 있다.[4] 그들은 '온라인 쇼핑'이라는 단어가 불필요할 정도로 오프라인과 온라인 쇼핑을 크게 다르다고 생각하지 않는다. 그만큼 시장이 성장했고, 소비자들은 이제 온라인 쇼핑을 통해 누구나 아는 대중적인 공산품을 구매하는 것 이상을 원한다.

이미 누구나 원하는 제품을 판매하는 대규모 온라인 쇼핑 시장은 포화 상태다. 아마존 같은 강자들을 이기기는 불가능에 가깝다. 그렇기 때문에 소비자가 판매자가 되어 취향에 맞는 제품을 연구하고 소개하고 판매하는 소규모 쇼핑몰이 이커머스의 미래다. 어쩌면 '친근한' 판매자가 다양한 제품을 취향에 맞게 소개해주는 세포마켓은 이커머스 발전상 예견된 수순이었는지도 모른다. 인스타그램을 기반으로 한 세포마켓은 변화하고 발전하는 이커머스 흐름의 일부분으로 이커머스의 발전과 함께 더 큰 성장이 기대된다.

긱 이코노미 속 세포마켓

영어로 '긱gig'은 일시적인 일이라는 의미로 원래 미국 바나 클럽에서 공연하는 연주자들이 계약할 때 썼던 말이다. 아르바이트보다 더 짧은 단기 계약을 일컫는다. '긱'이라는 단어가 '이코노미economy'와 결합하면서 디지털 시대의 노동 트렌드를 대변하는 신조어가 되었다. 이러한 서비스가 가능하도록 도와주는 중개회사들을 '긱 이코노미gig economy 플랫폼'으로 분류한다. 미국의 승차 공유 서비스인 '우버'나 우리나라의 프리랜서 중개 플랫폼인 '크몽' 같은 디지털 플랫폼이 대표적이며 이를 통해 노동자가 단기적으로 서비스 제공 계약을 맺고 일을 하는 경제 활동 방식을 아우른다.

세계적인 경영 컨설팅 회사인 보스턴 컨설팅 그룹BCG에 따르면 선진국에서는 긱 이코노미 플랫폼을 통해 3~10%의 사람들이 부수입을

● 국가별 긱 이코노미 플랫폼으로 돈을 번다고 답한 응답자 비중

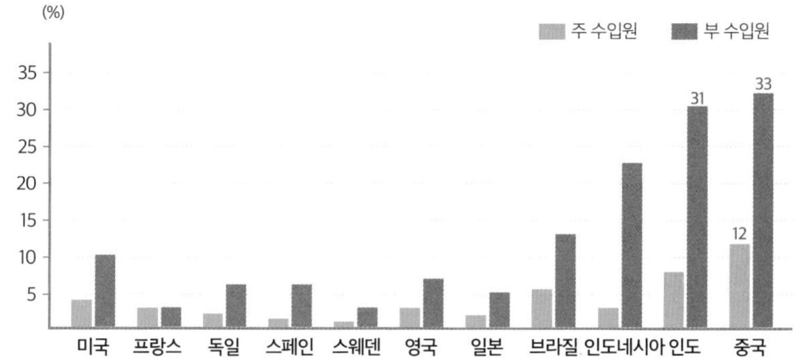

자료: BCG

올리고 있으며 중국과 인도에서는 각각 33%, 31%가 부수입을 올리고 있다고 답했다.[5] 특히 중국의 경우 55%에 달하는 사람들이 이러한 플랫폼을 통해 돈을 벌고 있다고 응답했다. 긱 이코노미의 영향력을 보여주는 수치다. 미국에서 긱 이코노미는 전통적인 경제 시장보다 3배나 빠른 성장세를 보이며 이러한 성장세라면 미국 노동 시장의 50% 이상이 긱 이코노미에 속하리라고 전망하고 있다.[6] 전통적인 경제 원리에 의하면 단기적으로 돈을 버는 것이 불안정하다고 느끼는 사람이 많아야 하지만 설문에 의하면 많은 프리랜서들이 정규직으로 일하는 것보다 프리랜서로 일하는 것에 더 많은 장점이 있다고 응답했다. 또한 정규직으로 일할 때보다 더 높은 자율성과 유연성을 가지기 때문에 더 다양한 사람들이 이러한 노동 시장에 참가하길 원한다. 긱 이코노미는 더 이상 '용돈 벌이' 정도의 일이 아니다. 2018년에 크몽에서 매출 1위를 차지한

보컬 트레이너는 1억 원 상당을 벌어들인 것으로 알려져 있다.

몇 년 전만 해도 많은 경제학자들이 긱 이코노미를 오래가지 못할 유행처럼 치부하기도 했다. 하지만 최근 조사들을 기반으로 생각해보면 긱 이코노미는 밀레니얼 세대가 주축이 되는 장기적 트렌드가 될 전망이다. 유럽과 미국의 긱 워커 8천 명을 대상으로 한 설문조사에서 대부분의 긱 워커들이 전통적 근무 형태보다 더 큰 만족감을 드러냈다. 과반수가 긱 워커로 사는 것이 더 행복하고 건강한 삶이라고 응답했다.[7] 얼마 전 캘리포니아에서는 'AB5' 법안이 통과되었다. 이는 긱 워커들에게 노동권을 보장해주는 법으로 긱 이코노미가 새로운 노동 형태로 자리 잡게 될 것을 시사한다. 최근 한국에서 실시한 조사에 의하면 직장인 구직자의 40% 이상이 긱 이코노미 현상을 긍정적으로 생각했다. 여러 일을 해볼 수 있고 자유롭게 일을 할 수 있는 것을 장점으로 꼽았다.[8]

세포마켓은 긱 이코노미에서 말하는 노동의 특성을 모두 가지고 있다. 노동자에 따라 유연하고 자율적으로 업무가 가능하기 때문에 다른 일을 하면서 부업으로 병행할 수 있을 뿐 아니라 본업처럼 수익을 낼 수도 있고 장단기적으로 선택해서 운영이 가능하다. 결국 세포마켓은 인스타그램이라는 디지털 플랫폼을 활용한 긱 이코노미다. 디지털 플랫폼의 발달로 활성화된 긱 이코노미가 우리나라 온라인 상거래에 영향을 미치면서 생겨난 것 중 하나가 세포마켓이라 할 수 있다. 앞으로 세포마켓이 긱 이코노미의 성장과 함께 거스를 수 없는 하나의 노동 트렌드가 되리라 예상한다.

틈틈이 하는 세포마켓 판촉활동

마케팅: 광고와 홍보는 어떻게 할 것인가?

- **인스타그램 내 광고:** 비즈니스 계정으로 전환만 하면 5천 원부터 몇십 만 원에 이르기까지 다양한 예산으로 광고가 가능하다. 사진과 동영상 모두 가능하며 지불하는 금액에 따라 도달률이 다르다. 광고를 집행하면 비슷한 관심사를 가진 사람들의 뉴스피드에 'sponsered'라는 태그가 붙은 채 나타나게 된다. 쇼핑몰, 블로그, 홈페이지 등의 외부 링크 혹은 인스타그램 프로필로 연결되도록 할 수 있다.
- **이벤트:** 리그램 이벤트, 친구 소환 이벤트, 제품 이름 짓기 이벤트 등 세포마켓 내의 자체적인 이벤트를 통해서 세포마켓을 알리고 고객 참여를 유도할 수 있다. 리그램 이벤트는 피드에 올린 사진을 고객들이 리그램 하여 본인들의 피드에 올리는 방식으로 가장 흔하게 쓰이는 이벤트 방식이다. 그러나 인스타그램을 많이 사용하는 사람들은 본인들의 피드가 훼손된다는 이유로 잘 참여하지 않는 이벤트이기

때문에 실효성을 적절히 따져봐야 한다. 친구 소환 이벤트는 해당 세포마켓을 모르는 다른 인스타그램 유저들을 댓글로 태그하여 '소환'하는 것이다. 새로운 고객을 늘릴 수 있을뿐더러 댓글이 많아지면 뉴스피드 상단 혹은 '검색과 탐색' 창에 추천 게시물이 될 수 있어서 효과적이다. 이름 짓기 이벤트 또한 댓글 참여율이 높으면 인기 게시물로 올라갈 수 있다. 댓글뿐만 아니라 '좋아요'가 많으면 해시태그 검색 시에 '인기 게시물'이 될 확률도 높아진다. 이러한 이벤트의 경우 상품이 매력적이거나 이미지가 눈에 띄거나 세포마켓을 '애정'하는 단골 구매 고객들이 많을수록 참여율이 올라간다.

- **인플루언서 홍보:** 다른 인플루언서에게 제품 리뷰나 피드 홍보를 부탁할 수 있다. 똑같은 제품을 판매하면 부탁하기 어렵기 때문에 비슷한 팔로워 층을 가지고 있으나 제품군은 다른 인플루언서에게 부탁하는 것이 좋다.

✓ 고객관리: 제품 불량, 배송 문제 등 판매 후 이슈들은 어떻게 다룰 것인가?

- **인스타그램 댓글/DM:** 인스타그램의 댓글이나 DM은 고객과 소통하는 가장 쉽고 간편한 방식이다. 하지만 댓글은 개인 정보를 주고받기에 쉬운 창구가 아니며, 인스타그램의 특성상 흘러간 피드의 댓글은 빠지기 쉽다. DM은 누구나 보낼 수 있는 것이기 때문에 DM이 많이 오는 경우 매우 급한 소비자의 요청이나 요구를 놓칠 수 있다.

- **블로그 댓글/안부 게시판:** 블로그 댓글은 비공개 처리가 가능하고 댓글이 달렸을 시 알림 기능이 있어 실시간으로 비공개 소통을 하는데 용이하다. 안부 게시판을 이용하는 것도 비슷한 맥락이다. 다만 블로그는 고객이 글을 생성할 수 있는 게시판이 없기 때문에 고객이 이미지를 올리거나 이메일로 답변을 받기 어렵다.
- **판매 웹사이트의 고객 게시판:** 비공개 소통이 가능하며 고객들이 이미지를 올리거나 답변 알림을 이메일이나 스마트폰으로 받을 수 있게 설정이 가능하다. 쇼핑몰 서비스 업체에 따라서 기능이 다르며, 쇼핑몰이 제대로 구축된 경우에만 사용 가능하다.
- **카카오 오픈채팅/플러스 친구:** 실시간 비공개 소통이 가능하고 고객이 이용하기 편리하다. 누구나 개설할 수 있고, 개인 계정과 별도로 운영 가능하다. 다만 카카오톡이라는 매체 특성상 고객들이 빈번하게 질문을 할 수 있기 때문에 그 정도의 문의와 질문을 받아줄 수 있는 인력이 없다면 오히려 고객들이 실망할 수 있다.

세포마켓을 통해 얻은 답, 자신감과 에너지

2018년 봄, 세포마켓을 해봐야겠다 처음 결심했을 때는 무척 막막했다. 참고할만한 책도 물어볼 사람도 없었다. 몇 주 동안 아이가 자는 시간을 쪼개 새벽 늦게까지 인터넷을 검색하고, 다른 세포마켓들을 방문하며, 공구를 해보고 싶은 제품이나 브랜드를 찾으면 무작정 메일을 보냈다. 여우마켓의 첫 판매 제품은 이유식이나 퓌레를 일회용 팩에 담을 수 있는 아이디어 상품이었다. 이 제품은 미국 아마존에서 인기가 많은 육아용품 중 아직 한국에 수입되지 않은 제품이었다. 한국에서 판매하고 싶은데 어떻게 해야 하냐고 무작정 미국 본사에 메일을 보냈다. 이를 통해 한국 수입 총판에서 판매 준비를 하고 있다는 것을 알게 되었고, 그 업체를 통해 공구를 진행하게 되었다. 팔로워가 2천 명 남짓인 평범한 아기 엄마가 세포마켓을 처음 시작하는 데 필요했던 것은 "강한 의지와 육아와 본업을 병행하면서 짬짬이 낸 시간"뿐이었다. 공구에 대한 이해가 부족해서 첫 판매에서 수익을 내지는 못했지만 '해냈다'라는 성취감과 공부만 해온 일명 '샌님'이 스스로 부딪쳐 돈이 오가는 거래를 했다는 것 자체로 자신감을 얻었다.

세포마켓을 시작한 지 2년이 다 되어 간다. 마케팅을 전공하는 박사 과정 학생의 부업 정도로 시작한 여우마켓이 내 인생을 이렇게 바꾸어 놓고 큰 부분을 차지할 줄 몰랐다. 출산 후 육아를 하는 엄마지만 새로운 일을 시작할 수 있다는 자신감, 날마다 열심히 살아갈 수 있는 에너지, 나의 고민과 절망에 공감해주는 많은 친구들까지, 공부만 했다면 만날 수 없었을 다양한 사람들과 만나고 생각지 못했던 다양한 기회들을 얻었다. 돌이켜 생각해보면, 아이를 낳고 이전과 많이 달라진 모습으로 인해 무기력한 좌절감에 빠져 있던 내게 필요했던 건 그저 단 한 번의 작은 성취감이었다. 여우마켓이 그 시작이 되어주었다.

세포마켓은 점차 대중적인 인기를 얻고 있다. 의류나 화장품에 한정되었던 제품군도 다양해지고 있으며 농산물 등의 먹거리 공구를 진행하는 회사들까지 생겨났다. 많은 제조업체나 브랜드에서도 세포마켓을 통한 판매를 확대하고 있고 홈쇼핑 다음으로 대량의 재고를 단시간 내에 판매할 수 있는 새로운 유통채널로 주목받고 있다. 대형 백화점과 같은 주류 유통채널에서도 팝업 스토어나 컬래버레이션 등을 통해 세포마켓의 인기에 편승하려는 모습을 볼 수 있다. 특히 떠오르는 경제 인구인 밀레니얼 세대를 집중적으로 타깃할 수 있는 방법이기 때문에 매력도도 높다. 이러한 인기를 증명하듯, 세포마켓 창업에 대한 관심이 그 어느 때보다 뜨겁다. 세포마켓은 다수의 밀레니얼 세대가 선택한 최적의 쇼핑 방식인 동시에, 지속되는 저성장 경제에서 생존할 수 있는 효율적이고 효과적인 자영업이라 할 수 있기 때문이다. 물론 다른 자영업에 비해 진입 장벽이 낮아 시작만 하면 큰돈을 벌 수 있다고 생각하는 사람들도 많지만 쉽게 생각할 일은 절대 아니다. 세포마켓 역시 '장사'임을 명심해야 한다. 다른 장사와 마찬가지로 시간과 노력과 정성을 투자해야만 생존할 수 있다.

얼마 전 플리마켓을 방문한 적이 있었다. 많은 사람들이 각자의 매대를 두고 여러 가지 제품을 판매하고 있었다. 딸이 좋아하는 빵을 판매하는 엄마부터, 천연 비누를 만들어서 판매하는 삼촌, 가방을 직접 뜨개질해 가지고 나온 아가씨, 독특한 레시피를 개발해서 나온 부부까지. 불과 몇 년 전만 해도 흔하게 볼 수 있는 광경이 아니었다. 각각의 세포들이 살아 숨 쉬고 있음이 느껴졌다. 몇 번의 크고 작은 일로 인스타그램 세포마켓에 대한 부정적인 여론도 있지만 어떤 산업이든 어려움이 있고 옳지 못한 사람과 기업이 있다. 그저 우리는 각자의 자리에서 좋아하는 것을 원하는 방식으로 하면 된다. 노력을 통해 얻은 성취와 성공의 작은 경험들이 삶의 전반에 긍정적인 기운을 불어넣고, 더 큰 성취와 성공의 발판이 되어줄 것이다.

Special Thanks To

우리 집 한쪽 가장 아름다운 공간을 만들어준 '언커먼하우스' 영은님, 엄마로, 여자로, 그리고 사람으로 늘 열심히 사시는 '아만다 초이스' 은경님, 보기만 해도 기분이 좋아지는 엔도르핀 '이미지바이 컬러' 승아님, 마음이 행복해지는 예쁜 옷을 만들어주시는 '블랑쇼' 지영님, 좋은 음식, 좋은 사람, 좋은 그림을 만나게 해준 '킴스쿠킹' 서영 선생님, 인테리어 소품 하나로도 집이 바뀔 수 있다는 것을 알려준 '레이앤드' 새봄님, 뛰어난 센스만큼이나 친절하고 상냥한 '코코누누' 나영님, 몸이 열개라도 모자란 야무진 '꼼나나' 상은 부원장님, 열정이 있으면 엄마도 언제든 도전할 수 있다는 것을 보여준 소림님과 수진님, 넘치는 궁금증에 늘 친절하게 답해주신 '패션시크릿' 김성원 대표님 외 많은 거래처 분들과 부족한 점이 많은 초보 장사꾼을 응원하고 지지해준 여우마켓 식구들, 그리고 천방지축인 제자를 10년째 묵묵히 멘토링 해주시는 박기완 교수님, 새로운 것을 두려워하지 않고 도전할 수 있는 에너지를 주신 세상에서 제일 존경하는 아빠 & 엄마,

"마지막으로 남자, 남편, 아빠로 한치의 부족함이 없는
이 시대 최고의 워킹 대디, 나의 영원한 파트너 남자 1호에게
감사의 마음을 전한다."

주

CHAPTER 1 누구나 돈 벌 수 있는 시대

1 김난도, 《트렌드 코리아 2019》, 미래의창, 2019, 221쪽.

2 "[유통시장 동향] ③ 국내 전자상거래 침투율, 글로벌 1위 등극…의미는?", 《산업경제뉴스》, 2019.03.14.

3 "온라인쇼핑 거래액 '역대 최대'기록…모바일쇼핑도 28% 증가", 《데일리팝》, 2019.03.08.

4 "SNS 기반 1인 '세포 마켓'…연간 20조 시장으로 부상", 《전자신문》, 2019.05.07.

5 "대박나면 건물주…'유튜버' 꿈꾸는 한국인들", 《헤럴드경제》, 2019.10.21.

6 "나도 한번 해볼까? 유튜버 대박 꿈꾸는 사람들", 《매일신문》, 2019.10.25.

7 Kit Smith, Incredible Instagram Statistics, 2019.05.07, https://www.brandwatch.com/blog/instagram-stats/.

8 "한국 이용자, '인스타'로 소통, 검색, 쇼핑한다", 《블로터》, 2019.05.07.

9 "지난해 한국 자영업자 비중 25.1%…OECD 5위", 《서울경제TV》, 2019.09.30.

10 Brynjolfsson, Erik, Yu, "Jeffrey" Hu, and Michael D. Smith, "From Niches to Riches: Anatomy of the Long Tail", *Sloan Management Review*, 47(4), 2006, 67-71; 크리스 앤더슨 지음, 박신현 옮김, 《롱테일 법칙(The Long Tail)》, 더숲, 2012.

11 Blank, Steve, "Why the Lean Start-Up Changes Everything", *Harvard*

Business Review, 91(5), 2013, 63-72.

12 한구영, "클러스터의 진화 - 동대문 패션클러스터를 중심으로", 서울대학교 박사 학위 논문, 2018.

13 Bearden, William O. and Michael J. Etzel, "Reference Group Influence on Product and Brand Purchase Decisions," *Journal of Consumer Research*, 9(2), 1982, 183-194; Escalas, Jennifer Edson and James R. Bettman, "You Are What They Eat: The Influence of Reference Groups on Consumers' Connections to Brands," *Journal of Consumer Psychology*, 13(3), 2003, 339-348.

14 "취업했습니다. 그리고 퇴사하겠습니다 … 퇴준생 늘어간다", 《파이낸셜뉴스》, 2018.04.07.

CHAPTER 2 인스타그램 어디까지 아시나요?

1 "2018년 주목해야 할 인스타그램 통계 10가지", 《트렌드와칭》, 2017.12.10.

2 Helm, Sabrina "Viral Marketing - Establishing Customer Relationships by 'Word-of-Mouse'", *Electronic Commerce and Marketing*, 10(3), 2000, 158-161.

3 "'대기업' 지우고 '인플루언서' 전면으로…소비자 본심 꿰뚫어보니 성공", 《아시아경제》, 2019.09.23.

4 Brown, Duncan and Nick Hayes, 《Influencer Marketing》, Routledge, 2008.

5 "Study: 93% of influencer campaigns use Instagram", 《Mobilemarketer》, 2018.11.27; "Influencer Marketing Statistics That Will Wow You!", 《Viralnation》, 2019.10.11, https://www.viralnation.com/blog/10-influencer-marketing-statistics-that-will-wow-you/.

6 "Influencer Fatigue: Paid Influencers Are Out and Brand Communities Are In", 《Forbes》, 2019.11.23.

7 "Micro-Influencers: The Marketing Force of The Future?", 《Forbes》, 2018.03.02.

CHAPTER 3 나도 이제 어엿한 사업자

1 Jennifer L. Aaker, "Dimensions of brand personality," *Journal of Marketing Research*, 34(3), 1997, 347-356.
2 Sprout social, 〈The Sprout Social Index〉, 2017.
3 김난도 외, 《트렌드 코리아 2012》, 미래의창, 2011.
4 KB경영연구소 〈KB 자영업 분석 보고서〉 중 "커피전문점 현황과 시장여건", 2019.11.06.
5 중소기업청, 〈소상공인 실태조사〉, 2010.
6 통계청, 〈2019년 8월 비임금근로 및 비경제활동인구 부가조사〉, 2019.11.05.
7 통계청, 〈2019년 8월 비임금근로 및 비경제활동인구 부가조사〉, 2019.11.05.
8 김난도 외, 《트렌드 코리아 2019》, 미래의창, 2018.
9 김난도 외, 《트렌드 코리아 2013》, 미래의창, 2012.
10 김난도 외, 《트렌드 코리아 2018》, 미래의창, 2017.
11 인스타그램 통계.
12 마스다 무네아키 저, 이정환 옮김, 《지적 자본론》, 민음사, 2015.
13 "인스타그램에서 물건을 파는 11가지 방법", 《CIO Korea》, 2017.04.05.

CHAPTER 4 세포마켓 키우기

1 필립 코틀러 지음, 《필립 코틀러의 마켓 4.0(Marketing 4.0: Moving from Traditional to Digital)》, 더퀘스트, 2017.
2 세스 고딘 지음, 김태훈 옮김, 《마케팅이다(This is Marketing)》, 쌤앤파커스, 2019.

3 세스 고딘은 마케팅이 확산되어 소비자들을 우호적으로 만드는 것을 '수영장이 보랏빛으로 물든다'고 은유적으로 표현했다. 세스 고딘 지음, 이주형 옮김, 《보랏빛 소가 온다(Purple Cow)》, 재인, 2004.

4 "Powerful Ecommerce Statistics That Will Guide Your Strategy in 2019", 《Oberlo》, 2019.02.27, https://www.oberlo.com/blog/ecommerce-statistics-guide-your-strategy.

5 "새로운 프리랜서들: 긱 이코노미에서 재능 활용하기", 〈보스턴컨설팅그룹보고서〉, 2019.

6 "Important Stats About The Gig Economy To Know In 2019", 《Forbes》, 2019.05.09.

7 "Independent work: Choice, Necessity, and the Gig Economy", 〈McKinsey Global Institute〉, 2016.10.

8 2019년 잡코리아 설문 조사 결과.

나는 세포마켓에서 답을 찾았다

일상이 돈이 되는 인스타 마켓의 모든 것

초판 1쇄 발행 2020년 2월 17일
초판 3쇄 발행 2020년 8월 28일

지은이 윤여진 · 박기완
펴낸이 성의현
펴낸곳 미래의창

편집주간 김성옥
책임편집 김효선
마케팅 연상희 · 김지훈 · 이보경

등록 제10-1962호(2000년 5월 3일)
주소 서울시 마포구 잔다리로 62-1 미래의창빌딩(서교동 376-15, 5층)
전화 02-338-5175 **팩스** 02-338-5140
ISBN 978-89-5989-632-5 03320

※ 책값은 뒤표지에 있습니다. 잘못된 책은 바꿔 드립니다.

이 도서의 국립중앙도서관 출판예정도서목록(CIP)은 서지정보유통지원시스템 홈페이지(http://seoji.nl.go.kr)와 국가자료공동목록시스템(http://www.nl.go.kr/kolisnet)에서 이용하실 수 있습니다.(CIP제어번호: 2020002423)

미래의창은 여러분의 소중한 원고를 기다리고 있습니다. 원고 투고는 미래의창 블로그와 이메일을 이용해주세요.
책을 통해 여러분의 소중한 생각을 많은 사람들과 나누시기 바랍니다.
블로그 miraebookjoa.blog.me **이메일** mbookjoa@naver.com